Hans-Joachim Geffert/Horst Howald . Die „Weisse Frau" von der Gruselei

Die „Weiße Frau" von der Gruselei

Sagen des Kreises Schönebeck

nach alten Quellen gesichtet und bearbeitet

von

Hans-Joachim Geffert und Horst Howald

mit Zeichnungen von

Günter Zenker

und Illustrationen aus fünf Jahrhunderten

dr. ziethen verlag
Oschersleben

Titelbild:
Günter Zenker, Die „Weiße Frau"

Die Deutsche Bibliothek - CIP-Einheitsaufnahme

Die „Weisse Frau" von der Gruselei : Sagen des alten Kreises Schönebeck /
nach alten Quellen gesichtet und bearb. von Hans-Joachim Geffert und Horst
Howald. Mit Zeichn. von Günter Zenker und Ill. aus fünf Jahrhunderten. -
Oschersleben : Ziethen, 1995
  (Mittelland-Bücherei ; 10)
  ISBN 3-928703-72-2
NE: Geffert, Hans-Joachim [Bearb.]; GT

© dr. ziethen verlag,
39387 Oschersleben, Friedrichstraße 15a
Telefon & Telefax (03949) 4396
1995
Satz & Layout: dr. ziethen verlag
Druck: Graphisches Centrum Calbe
ISBN: 3-928703-72-2
Gedruckt auf umweltfreundlich chlorfrei gebleichtem Papier.

Vorwort

Sagen sind Teil unserer Volksdichtung. Sie berichten von germanischen Göttern und vom Teufel, von Wassermännern und Nixen, von Kobolden und Zwergen, von Geistern und umgehenden Toten. Andere Volkssagen beziehen sich auf historische Geschehnisse in unserem Gebiet. Das Land zwischen Elbe und Saale ist seit Jahrtausenden besiedelt und war vor etwa 1000 Jahren Grenzgebiet, in dem Germanen/Deutsche und Slawen auf engstem Raum zusammenlebten. Hier trafen unterschiedliche Glaubensvorstellungen und Bräuche aufeinander, die sich auch in der Sagenwelt widerspiegeln.

Sagen sind nach volkskundlichem Verständnis kurze, schmucklose, episodenhafte Erzählungen, die mündlich überliefert wurden. Ihre Verfasser sind nicht bekannt. Durch die Überlieferung unterlagen sie immer wieder Veränderungen.

Jede Sage besitzt eine gesellschaftliche Grundlage und hat einen sozialen Inhalt. Sie reflektiert einen begrenzten Ausschnitt aus der Entwicklungsgeschichte der Menschen. Abhängig von ihrer Entstehungszeit gibt sie für bestimmte Situationen Erklärungen, die sich aus dem jeweiligen Wissensstand, den Glaubensvorstellungen, Rechtsnormen und Gesellschaftsstrukturen ergeben. Solche Lösungen müssen nach unseren heutigen Vorstellungen nicht gültig und wahr sein.

Volkssagen bestehen in ihrem Kern aus zwei Teilen: In ihrem ersten Teil wird in der Regel immer eine Situation dargestellt, die an einen Ort und mindestens eine Person bzw. ein personifiziertes Wesen gebunden ist; im zweiten Teil wird diese Situation dann erklärt oder gelöst.

Vom Inhalt her genügt es, zwischen mythischen und historischen Sagen zu unterscheiden. Mythische Sagen nutzen heidnische/germanische Götter und personifizierte Naturmächte, die in das Leben der Menschen eingreifen und dabei Exempel statuieren. Sie knüpfen an die Frühkultur der Menschheit an. Historische Sagen wollen mehr historische Ereignisse erklären. Dabei wird nicht so sehr von bedeutenden Taten einzelner erzählt; meist stehen die Wirkungen auf die Region, den Ort und seine Menschen im Mittelpunkt. So vermittelt die Sage ein Bild vom Leben und Treiben der Menschen einer Zeit. Teilweise verschmelzen mythische und historische Inhalte in einer Sage miteinander, so daß eine exakte Zuordnung Probleme bereitet.

Sagen haben eine erzieherische Absicht. Sie greifen sogenannte Volksweisheiten und individuelle Erwartungen (z.B. nach Gerechtigkeit, Glück oder Auskommen) auf. Sie wollen belehren, exemplifizieren und warnen. Daher darf ihr Einfluß auf das Volksverhalten in früherer Zeit nicht unterschätzt werden.

Sagen entstanden und entstehen zu allen Zeiten.

Die beiden Bearbeiter haben zunächst unabhängig voneinander in vielfältigen alten Quellen die Sagen aus unserem Kreis gesichtet. Dabei konnten sie sich insbesondere auf Einzelveröffentlichungen von heimatlichen Volkskundlern in den 20-er und 30-er Jahren dieses Jahrhunderts stützen. Nun legen sie gemeinsam erstmals für unser Gebiet eine umfassende Sagensammlung vor und kommen damit einem immer stärker werdenden Bedürfnis von Interessenten entgegen.

Atzendorf

946 als addestanstidi erwähnt, erst 973 als addestandorp (Hofstatt des Addestan)

Der Riese von Borne

Früher soll im Gebiet von Elbe und Saale ein Riese gelebt haben. Er war sehr hochmütig und gewalttätig. Die Menschen fürchteten ihn, denn er kannte kein Erbarmen. Immer suchte er seinen Vorteil auf Kosten anderer.

Östlich von Kleinmühlingen soll er sich einmal ausgeruht und den Sand aus dem Schuhwerk geschüttet haben. Dadurch sei der „Wunderberg" entstanden.

Als der Riese verstarb, kamen viele Menschen zu seinem Grab. Denn unsere Vorfahren glaubten, daß ein Hartherziger und Ungerechter auch in seinem Grabe kein Recht auf Ruhe und Frieden haben dürfe. Das gefiel dem Riesen gar nicht. Er suchte sich deshalb eine ruhigere Stelle für seine Grabstätte. Die fand er schließlich in der weiten, flachwelligen Landschaft kurz vor Borne in der Börde. Hier grub er seinen Sarg ein, stellte Tragsteine auf und legte den Deckstein darauf. Damit das riesige Hünengrab nicht sogleich zu erkennen war, deckte er die Grabstelle mit Erde zu. Wer genau hinsieht, kann heute noch erkennen, wo der Kopf, der Rumpf und die Beine des Riesen gelegen haben. Die Bewohner von Borne nennen den Hügel über dem Grab das „Lange Hoch". Tatsächlich stand hier über Jahrhunderte ein Hünengrab, das unsere Vorfahren vor etwa 5000 Jahren aus Findlingen angelegt hatten.

(Nach W.O. Richter bearbeitet von H. J. Geffert)

Der Teich von Eimeke

Westlich der heutigen B 71 liegt in der Feldmark zwischen der Kreuzung Hamster und der Ortschaft Atzendorf ein kleiner verlandeter Teich. Einst stellte er den Mittelpunkt des Dorfes Eimeke dar. Nach der Überlieferung war es ein relativ reicher Ort mit größeren Ackersitzerstellen. Das verwundert nicht, wenn man bedenkt, daß er in der Börde lag. Im Mittelalter war das Dorf daher sehr oft das Ziel marodierender Soldateska. Dabei wurden die Bauern immer wieder beraubt und getötet und ihre Gehöfte niedergebrannt. Die sich wiederholenden Übergriffe ließen den Ort schließlich wüst werden. Nur der Dorfteich überstand alle Wirren. Seine Wasseroberfläche aber war von nun an stets von unruhigen Wellen überzogen. Nur in hellen Mondnächten glättete sich der Wasserspiegel des Teiches. Dann erschien an seinem Grunde das Dorf Eimeke und erinnerte so jahrhundertelang an die Zwiespältigkeit des Menschen, an seinen Fleiß und an seine Zerstörungssucht.

(Nach W.O.Richter bearbeitet von H.Howald)

Armin Timler,
Atzendorf.
1943

Barby

Urkundlich 961 als Burgward barbogi (Ort an der waldlosen Flußkrümmung) bezeichnet;
ging 974 an das Stift Quedlinburg, das es als Afterlehen an die Herrn von Arnstein (spätere Grafen von Mühlingen
und Barby) weitergab; ab 1200 entsteht planmäßige Stadtanlage; Herrschaft 1497 in den Rang einer reichsfreien
Grafschaft erhoben; Residenz der Barbyer Grafen bis zu deren Aussterben 1659;
von 1680 bis 1746 Residenz eines Herzogs aus der wettinischen Seitenlinie Sachsen-Weißenfels

Wie die Saale zu ihrem Namen kam

Vor vielen, vielen Jahren verlief sich ein Jäger, als er bei der Jagd einen angeschossenen Hirsch verfolgte. Er irrte tagelang im Gebirgswald umher. Nirgends fand er eine Ansiedlung von Menschen. Hunger und Durst plagten ihn. Immer, wenn er von einer Anhöhe sich einen Überblick verschaffen wollte, sah er nur Wald. Er war völlig verzweifelt und schlapp. Müde sank er zu Boden und fiel in einen tiefen Schlaf. Da erschien ihm eine wunderschöne Nixe an einer Quelle. Die gab ihm Wasser, damit er seinen Durst stillen konnte. „Wo bin ich? Wie komme ich aus diesem tiefen Wald wieder heraus?" - „Du bist in meinem Reich. Ich heiße Saala. Folge dem Lauf des Quellwassers, dann findest du wieder aus dem Wald heraus!" - „Herzlichen Dank für deinen Rat! Ich werde dem Flußlauf bis zu seiner Mündung folgen. Alle Menschen sollen von deiner Güte und Schönheit erfahren. Dem Fluß will ich deinen Namen geben, damit sich für alle Zeit die Menschen an dich erinnern!" So geschah es. Nach wochenlanger Wanderung kam der Jäger aus dem Fichtelgebirge auch in unsere Gegend und berichtete von seinem Erlebnis. Seitdem hat der Fluß, der bei Barby in die Elbe mündet, seinen Namen. (Nach Unbekannt bearbeitet von H.J.Geffert)

Die Saalhornzwerge

Im Reich des Unterirdischen lebten die Saalhornzwerge. Sie wurden deshalb so bezeichnet, weil Gerd, ihr mächtiger Herrscher, sein Zwergenschloß am Saalhorn hatte. Das war die Landzunge zwischen Elbe und Saale unmittelbar vor deren früherer Mündung. Die Saalhornzwerge neckten oft die Menschen und sühnten eingetretenes Unrecht. So waren sie pausenlos unterwegs.

Einmal im Jahr, in einer besonders lauen Sommernacht, rief sie ihr Herrscher Gerd zum großen Fest am Saalhorn. Dazu nahm er seinen großen goldenen Hammer und schlug ihn dreimal gegen den Stamm des dicksten Baumes im Burgwald. Dann dauerte es nicht lange, und in der sonst ruhigen Landschaft wimmelte es nur so. Auch hell wurde es im dunklen Wald. Jeder Zwerg hatte seine Leuchte mitgebracht. Mit einem ausgiebigen Mahl und mit Getränken bedankte sich Gerd für das Wirken seiner Untertanen. Anschließend wurde gesungen und getanzt. Wenn der Morgen graute, schlug Gerd erneut dreimal gegen den Baumstamm, und schon huschten die Zwerge auseinander. Eilig suchten sie ihre Wohnungen, die Erdtiefen, auf. Plötzlich war es wieder dunkel und ruhig am Saalhorn.   (Nach E. Sommermeier bearbeitet von H. J. Geffert)

Carl Spielwerg,
Barby, Spitalkirche.
1801

Die Blume der Saalhornzwerge

In der urwüchsigen Auenwaldlandschaft am Saalhorn wächst seit Jahrhunderten eine sonderbare Blume in wenigen Exemplaren. Sie hat einen schwarzen Stengel, goldene Blätter und rote Blüten, die einen kräftigen würzigen Duft verbreiten. Dieser Duft ist es, der die Saalhornzwerge immer wieder in diese Gegend zurückzieht.

Auch Menschen, die auf Wanderungen auf dem Saalhorn und im Burgwald diesen Duft verspürt haben, sehnen sich immer wieder nach diesem einzigartigen Landstrich zurück. Einige wollen sogar das folgende Lied hier vernommen haben:

Es hegen die Zwerge ein Blümelein im Schatten des Waldes gar selten und fein:

Schwarzzweiglein, rote Blüten und Blätter aus Gold, ein Blühen und Duften gar wonnig und hold.

Wes' Seele träumend den Würzhauch trank,

dem wird in der Fremde das Herz so schwer,

wie Heimatruf winkt's ihm aus der Ferne her.

Leis' locken die Glocken der Jugendzeit

und Spiele und Lieder, verklungen weit,

und Waldesrauschen und Vogelgesang,

die saft'gen Wiesen am Uferhang:

Komm wieder zum Saale- und Elbegrund,

wirst im Heimatfrieden froh und gesund.

Damit das so bleibt, schützt der Gerd vom Saalhorn diese Blume. Streckt sich nach ihr eine Menschenhand aus, so legt er eine Tarnkappe über die Pflanze und macht sie unsichtbar. Dadurch kann sie immer wieder neue Freunde für diese erhaltenswerte Landschaft gewinnen.

(Nach E. Sommermeier bearbeitet von H.-J. Geffert)

Der Gerd vom Saalhorn und der Wanderbursche

Vor mehr als 150 Jahren kehrte der Schuhmachergeselle Wilhelm aus Barby nach langer Wanderschaft in seine Heimat zurück. Als er in das Gebiet an der Saalemündung kam, bemerkte er plötzlich einen Zwerg neben sich, der recht eigenartige Sprungbewegungen machte. Das amüsierte Wilhelm, und er lachte den Wichtelmann aus. Daraufhin wurde der zornig: „Über alte Leute lacht man nicht! Hole mir lieber meinen Hut dort vom Baum! Der Wind hat ihn hinaufgeweht." Der Wanderbursche entschuldigte sich für sein ungebührliches Verhalten: „Wo ist dein Hut? Ich sehe nur Spinngewebe." - „Das ist er doch!"

Wilhelm kletterte vorsichtig auf den Baum und brachte dem Zwerg das Gewünschte. „Hier hast du als Dank von mir einen Becher. Gerd, der Herrscher der Saalhornzwerge, bleibt nie jemandem etwas schuldig. Vergiß diesen Becher nie, wenn du an einen Teich gehst." Damit war er verschwunden, und Wilhelm setzte seinen Weg fort.

Als Wilhelm in Barby ankam, war er sehr erstaunt. Im elterlichen Hause traf er fremde Verwandte an, die allen Besitz nach dem Tode seiner Eltern an sich genommen hatten. Seine Aufnahme war mehr als unfreundlich. Schon am nächsten Morgen forderte ihn sein Oheim zu früher Stunde auf: „Geh' zu den Pröbstteichen vor der Stadt und hole Wasser! Es lindert die Schmerzen deiner leidenden Tante."

In seiner Gutmütigkeit machte sich Wilhelm auf den Weg. Als er sich den Teichen näherte, um das Wasser mit dem Krug zu schöpfen, griff ihn ein wütender Hund an. In seiner Not fiel Wilhelm das Geschenk des Saalhornherrschers ein. Er nahm den Becher aus der Jackentasche und streckte ihn dem Hund entgegen. Der faßte zu, zerschnitt sich dabei aber das ganze Maul, so daß er fortan nicht mehr fressen konnte und jämmerlich zugrunde ging.

Auf dem Rückweg nach Barby traf Wilhelm einen früheren Bekannten, der erzählte ihm: „Dein Oheim hat dich nur deshalb zu den Pröbstteichen geschickt, damit dich ein in einen Hund Verwunschener, der dort seit Jahren sein Unheil treibt, tötet." Das erzürnte den jungen Schuhmacher. Als er zu Hause ankam und sah, daß die Tante völlig gesund war, erkannte er die teuflische Absicht seiner hinterlistigen Verwandten und jagte sie aus dem Haus. Wilhelm aber machte sein Meisterstück und heiratete. Mit Frau und Kindern ging er nun oft zur Saalemündung, um sich beim Gerd vom Saalhorn zu bedanken. Zu Gesicht bekam er den nie wieder.

(Nach E. Sommermeier bearbeitet von H.-J. Geffert)

Die Jungfer vom Saalhorn

Bei den Zwergen vom Saalhorn lebte auch eine verwunschene Schlüsseljungfer. Als einmal ein Schäfer am Saalhorn seine Herde hütete, schlief der ein. Als er erwachte, erblickte er neben sich ein hübsches Blümchen und steckte es, wie Schäfer es tun, an seinen Hut. Daraufhin erschien die Jungfer mit den Schlüsseln und fragte, ob er mit ihr gehen wolle. Als sie vor dem Eingang einer Höhle standen, gingen sie zuerst an einer großen eisernen Tür und an zwei Hunden mit glühenden Zungen vorbei, bevor sie in einen großen Saal kamen. Im Saal lag nichts als Gold und Silber, und die Jungfrau sagte zum Schäfer, er möge sich soviel nehmen, als er möge. Da füllte der zuerst seinen Schäferranzen und dann auch seinen Schäferhut. Als er den vom Kopf nahm, fiel ihm auch die Blume ab. Da rief die Jungfer dreimal, er solle das Beste nicht vergessen. Der Schäfer beachtete aber diese Rufe nicht und ging ohne die Blume fort. Erst als er wieder aus dem unterirdischen Schlosse heraus war, da dachte er an die Blume, mit der er die Jungfrau hätte erlösen können. Doch nun war es zu spät dafür.   (Nach J.G.Th. Gräße bearbeitet von H. Howald)

Carl Spielwerg,
Barby,
Aussicht
auf die
Bleischenke
und Elbe
vom Damm aus.
1801

Als Drusus zur Saalemündung kam

Im Jahre 30 v.u.Z. gelang es dem späteren römischen Kaiser Augustus, einem Adoptivsohn des Julius Caesar, die Periode der römischen Bürgerkriege zu beenden. Er befriedete die römische Gesellschaft. In Rom entfaltete sich eine rege Bautätigkeit, und dem Verlangen des Volkes nach „Brot und Spielen" kam man entgegen. Zu den bestehenden 15 Provinzen gewann man noch 12 neue Provinzen hinzu. Sie hatten die Versorgung Roms zu sichern. 28 Legionen (etwa 300 000 Mann) erweiterten die Grenzen Roms. Als Grenzen wurden natürliche Grenzen, wie Meere, Gebirgszüge oder große sumpfige Flußtäler, bevorzugt. Dabei soll der römische Feldherr Drusus, ein Stiefsohn des Augustus aus der dritten Ehe mit Livia, auf seinem vierten Feldzug in das Siedlungsgebiet der Germanen im Jahre 9 v.u.Z. bis an die Saalemündung vorgedrungen sein, ohne auf nennenswerten Widerstand zu stoßen. Erst hier soll ihm ein selbstbewußter Germane entgegengetreten sein mit den Worten: „Kehre um, Unersättlicher, du stehst am Ende deiner Taten und Tage!"

Natürlich mußte er seinen Mut mit dem Leben bezahlen, denn keiner der Mitstreiter des Legionärs wollte diese Aussage wahrhaben. Doch kurze Zeit später stürzte Drusus von seinem Pferd so unglücklich, daß er 30 Tage nach dem Erlebnis im Alter von 30 Jahren verstarb.

18 Jahre später, im Jahre 9 u.Z., siegte der germanische Cheruskerfürst Arminius über die Römer unter Varus im Teutoburger Wald. Germanien war wieder frei.   (Nach Unbekannt bearbeitet von H. Howald)

Carl Spielwerg,
Barby,
das Pädagogium vom Schloß aus
1801

Wie die Stadt Barby ihren Namen erhielt

(oder: Der Ring der Gräfin von Barby; Die Edelfrau vom Prinzeßchen)

Vor langer Zeit wartete die Ehefrau des Burgherrn an der Elbe nahe der Saalemündung viele Jahre auf die Rückkehr ihres Mannes. Er war in einen Krieg gezogen. In ihrer Bitternis und Verzweiflung warf sie schließlich ihren goldenen Ehering durch das Burgfenster in die Fluten der Elbe. Dabei rief sie: „So wie ich diesen Ring nicht wiedersehe, so werde ich auch meinen Gemahl nicht wiedersehen!" Diese Tat sprach sich auf der Burg schnell herum.

Am nächsten Tag, als man in der Küche das Mittagsmahl zubereitete, fand man allerdings den goldenen Fingerring der Edelfrau im Magen einer frisch gefangenen Barbe. Kaum war das der Burgfrau gemeldet, da ertönte von Ferne auch schon Hörnerklang, und der Burgherr kehrte mit seinem Troß zur getreuen Gattin zurück.

In Erinnerung an dieses Erlebnis sollen die Burgleute der Siedlung nahe der Burg an der Elbe den Namen „Barby" nach dem Fisch Barbe gegeben haben.   (Nach K. Höse bearbeitet von H. Howald)

Carl Spielwerg,
Barby,
das Schloß vom Elbwerder aus.
1801

Wie die Stadt Barby zur Marienkirche kam

(oder: Der Raubgraf von Barby)

Einem der Barbyer Grafen von Arnstein sagte das Leben als Burggraf wenig zu. Er suchte den Streit und den Kampf. Mit Freunden und Bediensteten kaperte er immer wieder reich beladene Elbschiffe, die an seiner Burg vorbei mußten. Das sprach sich bald herum, und die Kaufleute mieden, wenn es irgend ging, den Weg an Barby vorbei. Daher räuberte er auch in anderen Gebieten.

So enterte die Bande eines frühen Morgens im Hamburger Hafen ein reich beladenes spanisches Schiff. Beil und Messer wüteten an Deck. Trotzdem gelang es einem der Überfallenen, Hilfezeichen zu geben. Daraufhin kamen andere Schiffsbesatzungen und Hamburger Bürger zu Hilfe. Die Barbyer wurden überwältigt und bis auf einen getötet. Dieser brachte den kopflosen Leichnam des jungen Grafen nach vielen Abenteuern und unter großen Mühen nach Barby.

Die Eltern des Grafen forderten nun von der Stadt Hamburg ein hohes Bußgeld. Dieses Geld soll auch gezahlt worden sein. Das alte Grafenpaar stiftete das Geld der Stadt Barby, die damit die Marienkirche erbauen ließ. (Nach K. Höse bearbeitet von H.-J. Geffert)

W. Bleyl,
Schloßstraße mit Stadtkirche. 1946

16

Die Heinzelmännchen von Barby

Es war um das Jahr 1780. Da ließ der Amtmann von Barby den Elbdeich zum Schutz gegen die Hochwasser erhöhen. Dazu brauchte er Arbeitskräfte. Die übernachteten während der Woche in einer Scheune des Gutes auf Stroh, um nicht täglich den langen An- und Abmarsch zu haben. Aber schon in der ersten Nacht kamen die Arbeitsleute nicht zur Ruhe. Kurz nachdem sie eingeschlafen waren, wurden sie in Zehen und Ohren gekniffen. Als sie sich aufrichteten, sahen sie im Mondschein kleine Männchen mit großen Köpfen und langen Armen davonlaufen.

Am nächsten Morgen erschien der Futterknecht Jakob zum Wecken und fragte: „Wie habt ihr geschlafen?" Die Arbeiter erzählten ihm, was nachts geschehen war. Da sagte der Jakob: „Nehmt vor dem Schlafengehen euer Taschentuch, bindet drei Knoten hinein und steckt es in die linke Hosentasche! Dabei müßt ihr noch den Spruch 'Binden wir drei Knoten ein, kommt kein Heinzelmännchen rein' aufsagen!"

Der Rat des Futterknechts schien zu helfen. In der zweiten Nacht schliefen alle ungestört. Diesmal aber waren ihre Stiefel mit Häcksel gefüllt und ihre Jackenärmel umgekrempelt und zugebunden.

Als die Leute am Abend des dritten Tages völlig durchnäßt vom Regen in die Scheune kamen, gingen zwei von ihnen auf den Zwischenboden, um Stroh herunterzuwerfen, damit sie nicht frören. Das wollten sie auch, aber sie kamen nicht wieder herunter, denn die Bodenluke war plötzlich verschwunden. Um sie herum tanzten Heinzelmännchen und bewarfen sie mit Erbsen. Aus Angst verkrochen sie sich in einer Ecke des Bodens.

Als sie am nächsten Morgen von den übrigen Arbeitsleuten vermißt wurden, machten sich die auf die Suche. Schließlich fand man beide völlig verstört auf dem Boden. Sie erzählten, was sich zugetragen hatte. „Das war bestimmt der Timm mit seinen Kumpanen, der treibt sein Spiel besonders in mondhellen Nächten auf dem Scheunenboden. Dort aber gilt ein anderer Trick. Dort müßt ihr dem Timm von seinem Schnabelschuh einen Troddel abreißen. Ich schenke euch einen solchen Troddel, dann läßt er euch in Ruhe!" Fortan konnten die Arbeitsleute nachts ruhig schlafen und die Arbeiten am Elbdeich bald beenden.

(Nach W. Hoyer bearbeitet von H.-J. Geffert)

Hermann Fried, der fromme Hirt

(oder: Wie aus einem Hirtenstab eine mächtige Weide wurde)

Vor mehr als 150 Jahren trieb der Schäfer Hermann Fried trotz seines hohen Alters noch immer seine Herde durch das Barbyer Brücktor in die Stadtflur. Seit Jahrzehnten hatte er das so getan. Er kannte die besten Weiden der Umgebung und wußte, kranken Schafen zu helfen. Immer hatte er seinen wollenen Strickstrumpf dabei. Was hatte er nicht schon alles gestrickt. Nie war er vom Pfad der Pflicht und Tugend abgerückt.

Eines Tages traf nun ein Jüngling aus Breitenhagen den Schäfer mit seiner Herde am Burgwald. Als er näher kam, bemerkte er, wie der Greis seinen Hirtenstab in die Erde grub und sagte: „Gott mag dich warten, du fast erstorbenes, dürres Reis! Sprieße auf, damit die Welt weiß, ich sterbe als Kind des Himmels. Heut' grüß ich euch zum letztenmal, ihr Auen und Gefilde, voll ist der hundert Jahre Zahl. Lebt wohl, ihr guten Schäfchen! Heut' ist mein Sterbetag." Dann sank er in sich zusammen. Der Jüngling konnte nicht mehr helfen.

Aus dem Hirtenstab wuchs eine mächtige Weide, die erst ein Sturm um 1875 entwurzelte. (Nach Hermes bearbeitet von H.-J. Geffert)

W. Bleyl,
Der „Prinz" an der Stadtmauer. 1946

Biere

altes germanisches Haufendorf; 937 bigera
(Ort am hügeligen Gelände)

Wie ein Bierer Schäfer die Elmener Solquelle entdeckte

Früher, als die Dreifelderwirtschaft noch gang und gäbe war, stellte jeder Ort für die Hutung der Tiere der Dorfgemeinschaft auf der Allmende bzw. Brache einen Hirten an. So gab es u.a. einen Schaf-, einen Gänse- oder einen Schweinehirten. Da die Erträge auf den Feldern gering waren, hatten es die Hirten besonders schwer, die Tiere über den Winter zu bringen. So hüteten sie ihre Herden auch an milden Wintertagen.

Auch der Schafhirte Christian aus Biere nutzte einen außergewöhnlich milden Wintertag, es war der 24. Dezember, um seine Herde über die verschneiten Felder zu schicken. Er tat dies, obwohl er gehört hatte, daß sich in der Umgebung des Ortes ein starker Wolf, den der Hunger aus dem Harz in die Börde getrieben hatte, aufhalten sollte. Christian glaubte aber nicht, daß der sich am hellerlichten Tag an die Herde heranwagen würde, zumal er zwei scharfe und große Hunde dabei hatte.

Plötzlich wurde die Herde unruhig. Die Tiere drängten sich ängstlich aneinander. Auch Hasso und Harro, die beiden Hütehunde, spitzten ihre Ohren. Sie fingen an, böse zu knurren, und ihre Nackenhaare sträubten sich. Da brach wie ein Blitz der große, graue Wolf in die Herde ein und riß ein Mutterschaf von seinem ängstlich blökenden Lamm weg. Die Herde stob in alle Richtungen auseinander. Es machte dem Schäfer große Mühe, sie mit Hilfe der Hunde wieder zu sammeln. Doch das Lamm fehlte.

Als Christian seine Herde in den heimatlichen Stall zurückgetrieben hatte, machte er sich mit den Hunden auf die Suche nach dem Lamm. Es war schon dunkel geworden. Seine Hunde zogen ihn weiter und weiter. Endlich vernahm er ein feines Wimmern. Sie hatten das erschöpfte Lamm gefunden, das am Boden lag und an einer kleinen Quelle soff.

Da er nach dem anstrengenden Marsch ebenfalls Durst verspürte, hockte auch Christian sich nieder und fing das klare Wasser mit den Händen auf. Kaum, daß er es aber getrunken hatte, spuckte er es wieder aus. Es war Salzwasser. Da fiel ihm ein, daß seine Frau zum Weihnachtsfest Fleisch würzen wollte, aber kein Salz im Hause hatte. So füllte er seine leere Trinkflasche mit dem Salzwasser und machte sich mit dem Lamm auf den Weg nach Hause, wo seine Familie schon in Sorge auf ihn wartete. Noch während der Schäfer von seinen Erlebnissen berichtete, begann die Frau das Fleisch zu würzen. Das Weihnachtsmahl war gesichert.

Von nun an holte der Schafhirte Christian bei Bedarf sein Salzwasser immer wieder von der Salzquelle bei dem Dorfe Elmen. Das sprach sich herum.

Der Mensch braucht Salz seit dem Zeitpunkt, als er vom Jäger und Sammler zum Ackerbauern und Viehzüchter wurde und sich seither vorwiegend von pflanzlicher Kost ernährt. (Nach Unbekannt bearbeitet von H. Howald)

Rudolf Schiestl, Schäfer

Die Kirchenruine des wüsten Dorfes Nalpke

Kirchenruine Nalpke

Bis vor wenigen Jahrzehnten waren unweit des ehemaligen Gutshofes „Am Hamster" zwischen Biere und Borne noch die Reste der Ruine der Kirche des verschwundenen Dorfes Nalpke zu sehen. Der Bördebewohner meidet diese einsame Stelle auf dem Hoch in der Börde insbesondere nachts. Denn in der Nacht soll bisweilen die Kirchenglocke schauerlich in der Feldmark läuten.

Dann geschieht es wohl, daß der Wanderer allerlei Lichter um die Ruine herumhuschen sieht, dröhnende Stimmen reisigen Kriegvolks vernimmt und den Schrei des Geistlichen hört, der mit blutbespritztem Talar vor der Kirche zusammenbricht.

(Nach W.O. Richter bearbeitet von H. Howald)

Breitenhagen

altes breites Straßendorf, 1240 bredenhagen (breites Dorf mit umzäunender Hecke);
Schifferdorf und Fährstelle über die Elbe

Frau Harke und der Fährmann

Früher war die Arbeit eines Fährmanns anstrengend und gefährlich. Reisende verlangten die Überfahrt über den Strom teilweise auch nachts bei völliger Dunkelheit. Meist waren es dann Zwerge und Unsichtbare, die übergesetzt werden wollten. Die Fährleute glaubten, es wären Tote, die sich von ihnen ins Jenseits rudern ließen. Obwohl sie diese Fahrten immer wieder erschauern ließen, führten sie sie doch durch, denn nach vollbrachter Arbeit fanden sie den Kahn mit kleinen Münzen und Geldstücken gefüllt.

Eines Nachts vernahm der Fährmann wieder einmal den Ruf „Fährmann, hol über!" Aber diesmal war es eine Frauenstimme, die da rief. Das war für die Nacht schon ungewöhnlich. Trotzdem machte er sich auf den Weg. Die Rückfahrt bei unruhigem Wasser und einsetzendem Schneeregen war besonders anstrengend. So war der Fährmann froh, als er den Kahn wieder am Ufer festmachen konnte. Als die Frau sich zwar für die Leistung bedankte, aber keinen Fuhrlohn entrichtete, ward der Fährmann erbost und beschimpfte sie. Daraufhin kehrte sie um und bezahlte mit alten Scherben. Das erzürnte den Fährmann noch mehr. Er verjagte die Frau und warf die Scherben in die Elbe. Erst am anderen Tage wurde er bei Sonnenschein gewahr, daß sein Lohn, den er nicht geachtet hatte, reines Gold war und er einer Prüfung durch Frau Harke (Holle) unterzogen worden war.

(Nach Unbekannt bearbeitet von H. Howald)

Wilhelm Roegge,
um 1900

Der Bauer und der Teufel

(oder: Wie die Saale zu ihren Flußschleifen kam)

Einst pflügte ein Bauer nahe der Saalemündung seinen Acker. Da erschien ihm ein Fremder: „Hallo! Ich bin der Teufel. Ich mache dir ein Angebot: Diene mir, und ich mache dich zu einem reichen Mann!" Der Bauer war erschrocken. Dann sagte er: „Mach dich fort! Mit dem Satan mache ich keine Geschäfte!" Daraufhin verschwand der Teufel, und der Bauer ging bis zum Abend seiner Feldarbeit weiter nach. Da er die Arbeit nicht geschafft hatte, kam er am nächsten Morgen erneut auf das Feld. Aber wie erstaunt war er. Mitten durch seinen gepflügten Acker floß nun die Saale in einem großen Bogen. Der Teufel hatte dem Bauern einen derben Streich gespielt. Seit dieser Zeit fließt die Saale von Calbe an in großen Schleifen (Mäandern) in Richtung ihrer Mündung in die Elbe.   (Nach H. Becker bearbeitet von H.-J. Geffert)

Ewald Guhl,
Fähre

Der Gewitterhund

Ein des Zaubers kundiger Elbschiffer kam eines Tages sehr spät von einer Schiffsfahrt nach Hause zurück. Da sah er am Himmel in einer schwarzen, drohenden Gewitterwolke die Gestalt eines riesigen Hundes. Weil er wußte, was das bedeutete, stürzte er in sein Haus und rief: „Frau gib schnell eine Schüssel voll Wasser und all' unsere Schüsseln her! Der erste Blitzschlag des heranziehenden Gewitters trifft unser Haus oder das unserer Nachbarn! Laufe zu ihnen, sie sollen ihren Hund von der Kette lösen! Ich will versuchen, in meinem Geisterbuch zu lesen, um es dadurch über die Elbe zu kriegen!"

Beide taten das ihrige. Aber es half nichts. Wenig später schlug der Blitz in ein Haus der Straße ein. Das Feuer breitete sich schnell aus, und Häuser und Ställe brannten bis auf die Grundmauern ab. Die Menschen konnten kaum etwas retten. Die Beschwörung der Dämonen hatte nichts bewirkt. (Nach H. Becker bearbeitet von H.-J. Geffert)

Marie Braun,
Der Feuerdämon wütet.
1921

Der Geldraub von Breitenhagen

In Breitenhagen lebte vor Jahren ein alter Mann allein auf seinem Hof. Er hatte Zeit seines Lebens strebsam gearbeitet und das Geld zusammengehalten. Weit und breit galt er als steinreicher Geizhals, der sein Geld im Strohsack seines Bettes aufbewahrte.

Hans Ulrich Franck,
Der unerwartete Überfall.
1656

Davon hörte auch ein verarmter Ackermann aus Barby. Er brach bei Nacht und Nebel beim Breitenhagener ein. Um nicht erkannt zu werden, hatte sich der Barbyer ein Ziegenfell übergestülpt, so daß er wie der leibhaftige Teufel aussah. Bei dem Überfall war der Alte deshalb völlig verstört und wagte nicht, sich zu verteidigen. Erst als der Dieb sich entfernte, fand er wieder zu sich und rief ihm hinterher: „Mit dem Geld sollst du keine Freude haben!"

Und in der Tat: Der Dieb fand keine Ruhe mehr. Böse Träume ängstigten ihn so sehr, daß er schließlich die geraubten Geldstücke in der Saale am Saalhorn versenkte.

Wochen später verunglückte der Barbyer mit seinem Gespann so, daß er sich tödlich verletzte. Im Sterben gestand er seiner Tochter sein Vergehen. „Versprich mir, daß du dem Alten in Breitenhagen das Geld zurückbringst!" Die Tochter versprach's, hielt aber nicht ihr Wort. Sie ließ die Geldstücke in der Saale liegen in der Hoffnung, sie sich später zu holen. Doch da kam die Pest ins Land. Eine von denen, die sie dahinraffte, war die Tochter des Diebes. Vater und Tochter fanden im Grab keine Ruhe. Es heißt, daß noch heute in mondhellen Nächten der Vater bei Barby umherstreift und die Tochter die Saale herauf und herunter schwimmt.

(Nach S. Sommermeier bearbeitet von H. Howald)

W. Bleyl,
Brumby, das Schloß.
1946

Brumby

1144 als bramboio (Ort an der Wegbiegung mit den Brombeersträuchern);
im SW des Ortes Ruinen einer Niederungsburg aus dem 12.Jh.; sehenswerte Kirche mit romanischem Kern;
besitzt seit 1828 auf dem Mühlenberg eine Bockmühle, die 1951 in eine Paltrockmühle umgebaut wurde

Die Vertreibung des Kobolds

Früher hatte fast jeder Ort seine Windmühle. In ihnen trieben nachts Kobolde ihr Unwesen; sie stießen Säcke um, verstreuten Mehl, verstellten Mahlgänge oder versteckten Werkzeug. Das ärgerte die Müller, auch den Brumbyer, sehr.

Eines Abends klopfte nun ein Bärenführer an die Pforte des Müllers vom Mühlenberg und bat um eine Schlafstelle. Der Ort, in dem er mit seinem Bären Kunststücke zeigen wolle, sei noch zu weit entfernt, um ihn zu erreichen. Der Müller gewährte ihm das Nachtlager. „Den Bären", sagte er, „sperren wir in die Mühle. Er wird sich mit der Katze schon vertragen!" So geschah es.

Am nächsten Morgen zog der Bärenführer weiter. Doch in den weiteren Tagen wunderte sich der Müller. Der Kobold spielte ihm keinen Schabernack mehr. Da wußte er, der Kobold war aus Angst vor dem Bären verschwunden.

Nach Wochen klopfte es abends erneut an die Tür des Müllers. Eine Stimme fragte: „Lebt der große braune Bär noch immer in der Mühle?" Der Müller stutzte. - „Ja, der lebt noch immmer dort und hat kleine Bärenjunge bekommen", antwortete er schließlich. Er hatte den Kobold an seiner Stimme erkannt. Der aber riß aus und kam nie wieder zurück.   (Nach Unbekannt bearbeitet von H.-J. Geffert)

CALEGIA

S. Steffan.

S. Lorentz.

Schloß

zy Vorstadt

Kirch z H Geist

Schloß-Vorstadt

Sandhoff

Calbe

936 als caluo (Ort an der waldlosen Stelle oder Ort auf der Erhöhung am Saaleufer);
961 Burgward, kam 968 an das Erzbistum Magdeburg; ab 1168 zur Stadt erhoben mit eigenem Richter;
seit 1314 Nebenresidenz der Erzbischöfe; ab 1680 an das Kurfürstentum Brandenburg-Preußen;
von 1815-1950 Kreisstadt des Kreises Calbe

Das Saaleweiblein

Wenn Markttag in Calbe war, erschien regelmäßig immer wieder eine Frau, die man in der Stadt nicht kannte. Sie fiel auf, weil sie einen weiten Reifrock trug. Marktfrauen und Käufer tuschelten ständig über sie. „Hast du ihre großen und häßlichen Augen gesehen?" - „Sieh nur, ihr Kleidersaum ist naß und tropft!" - „Woher kommt sie?" Keiner wußte es.

Die Frau hörte das Gewisper der anderen, störte sich aber nicht daran. Sie kaufte Nahrungsmittel, Kleidung und Hausgerätschaften ein. Dabei sprach sie wie die anderen und bezahlte mit dem gleichen Geld. Sonderbar aber war es dennoch.

So folgte ihr eines Tages ein Mann, als sie den Markt verließ. Er sah, wie sie gleich hinter der Stadt in die Saale stieg. Seitdem hieß es, das ist die Nixe, das Saaleweiblein, wenn sie auf dem Markt erschien. Nixen sollen gegen Wechselbälge (Kinder von Dämonen oder Zwergen) eingetauschte Menschenkinder sein.

(Nach E. Sommermeier bearbeitet von H.-J. Geffert)

Die drei Kreuze bei Calbe

Am Weg von Calbe nach Glöthe, gleich hinter der Bahn-Unterführung, lag bis zum Jahre 1880 auf einer kleinen Anhöhe das Gehöft der Abdeckerei von Calbe. Der Volksmund bezeichnet diese Anhöhe auch als Galgenberg. In alten Flurkatastern werden die westlich und südlich davon gelegenen Flurstücke als „Bei dem Gericht" und „Große Galgenbreite" benannt. Auf der Galgenbreite stand im Mittelalter der dreiteilige Calbenser Galgen. An ihm legten der Scharfrichter und seine Helfer dem zum Tode Verurteilten die Schlinge um den Hals, nachdem sie ihn dorthin auf einem zweiräderigen Holzkarren von der Stadt aus gefahren hatten. Auch Scheiterhaufenverbrennungen und Enthauptungen sollen hier stattgefunden haben.

Als wieder einmal ein Todesurteil durch Enthauptung vollstreckt werden sollte, hatte sich die Bevölkerung der Umgebung wie jedesmal sehr zahlreich eingefunden. Diesmal aber verstanden die drei stark angetrunkenen Henkersknechte ihr schauerliches Handwerk sehr schlecht. Sechsmal versuchten sie vergeblich, mit einem stumpfen Beil das Haupt des Missetäters abzuschlagen. Der Verurteilte stieß dabei die furchtbarsten Schreie aus. Das versammelte Volk war daraufhin so aufgebracht, daß es die drei Henker dafür an Ort und Stelle steinigte. Entsprechend dem damaligen Rechtswesen auf der Grundlage des „Sachsenspiegel" mußten dafür drei steinerne Kreuze aufgestellt werden, die aber längst verschwunden sind.

W. Bleyl,
Calbe/Saale, Wehr mit Hexenturm.
1946

(Nach A. Reccius bearbeitet von H. Howald)

Die Geister vom Speckteich

Unweit der Stelle, wo der Weg von Calbe zum Wartenberg die Schlöte überquert, liegt der Speckteich.

W. Bleyl,
Calbe/Saale, Idyll am Mühlgraben.
1946

Dieses Gelände war früher sehr sumpfig. So mußte der Weg hier künstlich durch nebeneinander gelegte Reisigbündel befestigt werden, um passierbar zu sein. Einen solchen Knüppeldamm bezeichnete man als „Spieke".

Den Teich an der Spieke umgab ein dichtes Busch- und Strauchwerk. Hierher hatten sich die Geister der in der Nähe liegenden und im 14. Jahrhundert wüstgewordenen Ortschaften Papendorf, Serwitz, Tupel, Nienstedt und Perlip zurückgezogen.

Mit ihnen zusammen hausten auf dem Grunde des Speckteiches auch die Geister der auf der Galgenbreite Gehängten. Gerade sie führten hier mit der Tochter des Seilers ein verruchtes und sittenloses Leben. Besonders zu Mitternacht tauchten die Geister vom Speckteich aus dem Wasser auf und erschreckten Vorbeiziehende, so daß der Ort in den Nachtstunden von den Bewohnern der Umgebung gemieden wurde.

Nur einer soll keine Furcht vor ihnen gehabt haben: der Klapperstorch. Er flog immer wieder dorthin und holte aus dem Speckteich die kleinen Kinder.

(Nach A. Reccius bearbeitet von H. Howald)

Das Steinkreuz in der Nienburger Straße

Einst zog ein Magdeburger Erzbischof mit seinen Kriegern gegen die Jürgensburg in Nienburg, dort, wo die Bode in die Saale mündet. Trotz aller Bemühungen gelang es den Erzbischöflichen nicht, die Feste zu stürmen. Sie wurden sogar von den ausbrechenden Nienburgern bis kurz vor Calbe zurückgedrängt. Hier stießen neue Trupps des Erzbischofs auf die Fliehenden, die dadurch wieder an Übermacht gewannen. Es begann ein furchtbares Gemetzel.

Am Abend lagen alle Mannen des Nienburger Vogtes erschlagen auf dem Schlachtfeld. Auch die Magdeburger hatten viele Tote zu beklagen. Alle Gefallenen wurden in einem Massengrab beigesetzt. Ein damals errichtetes Steinkreuz, das sich bis heute auf der östlichen Seite der Nienburger Straße erhalten hat, ist ihnen gewidmet.

(Nach W.O. Richter bearbeitet von H. Howald)

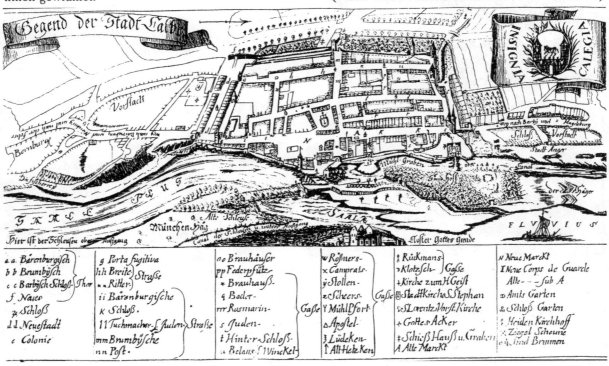

Was Till Eulenspiegel in unserer Gegend an Späßen trieb

Till Eulenspiegel ist der Typ des Spaßmachers und als solcher die Hauptfigur im „Eulenspiegelbuch", das im Jahre 1515 in Straßburg gedruckt wurde. Es enthält 89 Historien.

Till müßte um 1300 geboren sein. Nach dem Volksbuch verbrachte er seine Kindheit und Jugend vom 3. bis zum 16. Lebensjahr bei seiner Mutter in Hohendorf bei Calbe. Dieser Ort wurde nach 1472 wüst. Die Wüstung Hohendorf liegt westlich der heutigen Saalestraßenbrücke von Calbe.

Nachweislich verwaltete ein Till in Kneitlingen am Elm östlich von Braunschweig von 1339 bis 1350 einen Adelshof, der dem Halberstädter Bischof und den Grafen vom Regenstein gehörte. Dieser Till zog sich wegen Straßenraubes den Zorn des braunschweigischen Welfenherzoges zu, der ihn 1350 vertrieb. Till soll 1350 in Mölln südlich von Lübeck verstorben sein. So steht es noch heute am Grabstein auf dem Kirchhof in Mölln.

Möglicherweise war Till, bevor er Herr von Kneitlingen wurde, ein Hofnarr, der durch das Erzählen seiner Streiche und die Verspottung aller möglichen Leute zur Belustigung der adligen Hofgesellschaften beitrug. Hofnarren genossen Ansehen und wurden oft Inhaber von Lehnsgütern.

W. Bleyl, Calbe/Saale, Stadtbild an der Saale. 1946

I. Wie sich Till für den Spott beim Bad in der Saale revanchierte

(Historie 4 und 5)

Vor knapp 700 Jahren kam der dreijährige Till mit seinen Eltern nach Hohendorf an der Saale, wo seine Mutter Anna Wiepke geboren war. Bald danach verstarb sein Vater Klaus. Die Mutter blieb im Dorf. Nur notdürftig konnte sie sich und ihren Sohn mit Unterstützung der Verwandten über Wasser halten.

Till trieb sich viel umher und wollte keiner Tätigkeit nachgehen. Gaukelei sagte ihm mehr zu. So übte er schon in jungen Jahren, auf dem Seil zu gehen. Das trieb er zunächst heimlich auf dem Dachboden. Als er eine gewisse Sicherheit erreicht hatte, zog er ein Seil von seinem Wohnhaus an der Fähre, gerade dort, wo heute die Brücke über den Fluß führt, über die Saale zu einem gegenüberliegenden Haus und übte auf ihm. Das zog sogleich viele Zuschauer an.

Durch den Krach der Zusammengelaufenen wurde Tills Mutter aufmerksam auf sein Tun. „Treibst du schon wieder deine Nichtstuerei! Arbeite lieber, damit wir etwas zu essen haben!" Dann ging sie auf den Dachboden und schnitt das Seil entzwei. Till fiel unter dem Gespött der Zuschauenden in die Saale. „He, bade nur! Du hast lange auf ein solches Bad gewartet", riefen sie. Das ärgerte Till, und er überlegte, wie er ihnen den Spott vergelten könnte.

Deshalb zog er wenig später erneut ein Seil zwischen zwei Häusern in luftiger Höhe. Diesmal auf dem Marktplatz von Calbe. Schnell liefen die Leute zusammen, junge und alte. Da sprach Till zu den Jugendlichen: „Gebt mir euren linken Schuh. Ich will euch ein Kunststück auf dem Seil zeigen!" Sie zogen ihren Schuh aus und gaben ihn Till. Der zog die Schuhe, etwa 60 an der Zahl, auf eine Schnur und begab sich auf das Seil. Dann rief er: „Gebt acht! Ein jeder suche nun seinen Schuh wieder!" Dabei zerschnitt er die Schnur, und die Schuhe fielen auf den Marktplatz. Dort suchte nun jeder nach seinem Schuh.

Das Gelächter war groß. Bei dem Geraufe kriegten sich die Jungen so in die Haare, daß die Erwachsenen schließlich dazwischengehen mußten. Da merkten alle, Till hatte sich mit ihnen einen Streich erlaubt. Wochenlang durfte er sich nun nicht mehr sehen lassen.

2. Wie sich Till beim geizigen Hauswirt Meier aus Hohendorf rächte
(Historie 8 und 9)

In Hohendorf war es Brauch, daß ein Hauswirt, der im Winter schlachtete, den Nachbarskindern eine Wurstsuppe, das Weckbrot, spendierte. Tills reicher Nachbar Meier aber nun war geizig bei dieser Kost. Als er schlachtete, schnitt er die Schüssel voller harter Brotrinden und goß nur wenig Brühe darüber. Das war gar nicht nach dem Geschmack der Kinder. Till sann auf Vergeltung.

Er beobachtete, wann der Meier sein Federvieh am Morgen aus dem Stall ließ, damit es sich sein Futter suchte. Als er das wußte, sammelte er größere Brotstücken und band diese über Kreuz mit Fäden zusammen. Nachdem er genügend davon zusammen hatte, legte er an einem frühen Morgen, als der Bauer noch schlief, diese im Auslauf der Hühner aus und deckte die Fäden mit Erde zu. Als die Hühner aus dem Stall kamen, fanden sie schnell das Brot und pickten es auf. Aber die Bissen blieben ihnen im Halse stecken; sie waren zu groß. Da wurden die Hühner unruhig und liefen umher. Dabei zogen sie sich durch die Fäden hin und her und veranstalteten ein lautes Geschrei. Das hörte der geizige Hauswirt und sah das Dilemma. Die Hühner drohten zu ersticken. Dem Geizhals blieb nichts anderes übrig, er mußte sein gesamtes Federvieh abschlachten.

3. Wie Till zwei Diebe narrte

(Historie 10)

Einmal begleitete Till seine Mutter zur Kirchweih in den Nachbarort Mayen, südlich von Hohendorf. Dort wurde nach kirchlichen Ereignissen kräftig gefeiert. Auch der junge Till beteiligte sich daran. Er trank mehr, als er vertragen konnte. So suchte er sich bald einen Platz, wo er seinen Rausch ausschlafen konnte. Ein leerer Bienenkorb kam ihm gerade recht, und er fiel in einen tiefen Schlaf.

Plötzlich wurde er wach. Er hörte Stimmen. Es war stockfinstere Nacht: „Ich hab' gehört, der schwerste Bienenkorb ist der beste!" - „Also, heben wir alle Körbe!" Als die Diebe den Korb anhoben, in dem Eulenspiegel lag, sagten sie: „Den nehmen wir, der ist der beste!"

So geschah es. Die Diebe stellten den Korb auf eine Trage und machten sich davon. Als das laute Treiben im Ort nur noch von ferne zu vernehmen war, streckte Till eine Hand aus dem Korb heraus und zupfte den Vordermann am Haarschopf. Der ward zornig und schrie: „Auh! Was ziehst du an meinen Haaren? Trag' lieber den schweren Korb!" - „Mir scheint, du träumst! Wie soll ich an deinen Haaren ziehen, ohne die Trage loszulassen!"

Nach einer Weile rupfte Till den Hintermann am Schopf, daß der sich den Kopf stieß. „Was soll das? Du sagst, ich ziehe dich bei den Haaren, dabei ziehst du mich beim Haar!" Ein Wort ergab das andere. So zankten sie sich bald miteinander. Ihre Beute aber trugen sie weiter. Da griff Till den Vordermann noch einmal in die Haare. Der ließ daraufhin die Trage los und stürzte sich auf den Hintermann. Beide gerieten in eine derbe Prügelei. In der Finsternis verloren sie sich aber alsbald. Den Bienenkorb ließen sie liegen. Damit hatte Till seine Ruhe wieder. Er schlief nun seinen Rausch endgültig aus. Am nächsten Tag kehrte er nach Hohendorf zurück, wo er von seiner Mutter seit Stunden vermißt wurde.

4. Wie Till im Spital von Calbe Kranke heilte

(Historie 18)

Am Barbyer Tor in Calbe lag früher ein Spital. Die heutige Neuapostolische Kirche war damals die Spitalkirche. Das Spital war immer voll belegt, so daß kaum ein Kranker Aufnahme finden konnte. Da kam Till und schlug an die Türen von Rathaus und Kirchen große Plakate, auf denen er sich als erfolgreicher Arzt gegen alle Krankheiten ausgab. Davon hörte auch der Spittelmeister. „Till, kannst du unseren Kranken helfen. Es soll nicht dein Schaden sein!" - „Gut, ich will alle Kranken gesund machen, wenn du mir 200 Gulden zahlst. Sollten nicht alle Kranken das Spittel verlassen können, so erwarte ich von euch kein Entgelt!" Das gefiel dem Spittelmeister so gut, daß er dem Till 20 Gulden Handgeld gab.

Am nächsten Tag kam Till ins Spital und fragte jeden Kranken nach den Gebrechen. Bevor er aber deren Krankenbett verließ, sagte er jedem: „Was ich dir jetzt sage, darfst du keinem erzählen! Ich kann euch Kranken nur helfen, wenn ich einen von euch zu Pulver verbrenne und den anderen zu trinken gebe. Den kränksten von euch werde ich verbrennen, damit er den anderen helfe. Ich stelle mich deshalb an das Spitaltor und rufe mit lauter Stimme: 'Wer nicht krank ist, komme heraus!' Verschlafe das nicht, sonst zahlst du die Zeche!"

Wie angekündigt, geschah es. Till rief, und alle Kranken kamen aus dem Tor heraus, auf lahmen Beinen, auf Krücken und auf allen Vieren. Das Spital war leer. Till begehrte nun seinen Lohn, da er in Eile wäre. Er wurde ihm auch sofort ausgezahlt, und Till verschwand.

Aber schon am nächsten Tag standen alle Kranken wieder vor dem Hospital. Sie erzählten, wie ihnen der „Arzt" gedroht habe. Da merkte der Spittelmeister, daß er vom Schalk Till Eulenspiegel betrogen worden war. Der war verschwunden, die Kranken aber blieben im Spital, und das Geld war weg.

(Nach H. Schwachenwalde bearbeitet von H.-J. Geffert)

Das Reitermännchen aus der Kanalgasse

Die Kanalgasse in Calbe nannte man früher auch die „Federpfütze". Das wohl deshalb, weil sich hier seit dem 1727 abgebrochenen Kanalprojekt zwischen Calbe und Frohse eine Bodensenke befand, in der sich alle Abwässer der Umgebung sammelten und die naheliegenden Brunnen vergifteten. Sie war eine Brutstätte für Ungeziefer und Krankheitserreger, insbesondere für die Darmkrankheit Cholera.

Aufmerksame Stadtbewohner wollten jeweils im Vorfeld von auftretenden Choleraepedemien in Calbe in der Kanalgasse ein kleines Reitermännchen gesehen haben. Es trug auf dem Kopf einen spitzen Hut mit roten Hahnenfedern. Erschien das Männchen gar ohne Kopf, so war das ein Zeichen, daß der Stadt ein besonders schweres Unglück bevorstand, wie in den Jahren 1855, 1866 und 1875, als die Cholera 200, 388 bzw. 266 Bewohner dahinraffte. Auch Feuersbrünste, Mißernten und Überschwemmungen sollen durch das Reitermännchen angezeigt worden sein.

Erst 1875, als man diesen Seuchenherd zuschüttete, verschwand das Reitermännnchen; seitdem ist die Stadt von großen Unglücken verschont geblieben.　　　　　　　(Nach A. Reccius bearbeitet von H. Howald)

W. Bleyl,
Calbe/Saale.
Klein-Venedig.
1946

Eggersdorf

1205 ekkehardesdorp (Dorf des Eggehard); ab 1857 Braunkohlengrube, die ein 10 m mächtiges Flöz im Schachtverfahren bei 50-60 m Teufe abbaute, belieferte die Schönebecker Saline

Die Nixen des Eggersdorfer Springs
(oder: Die Nixe Sybill)

Am Seeborn, dem ältesten Brunnen von Eggersdorf, plätscherte und gluckste das Wasser im Mondschein. Die Uhr der Kirche schlug Mitternacht. Da erklang ein feines Lachen. Die Nixe Sybill vom Dorfspring tauchte auf. Sie setzte sich auf die Mauer, die die Quelle einfaßte, und schüttelte ihr langes, feuchtes Haar. Die herabfallenden Tropfen und die Schuppen ihres Leibes glitzerten wie Edelsteine im Mondlicht. Als sie das schmutzige, übelriechende Wasser des Dorfteiches erblickte, schauderte sie. „Brr! Was haben die Men-

schen nur aus dieser Tränke gemacht! Welches Tier soll dieses Wasser genießen?"

Als die Nixe so vor sich hinsann, hörte sie ihren Namen rufen. „Sybill, Sybill! Ich irre schon viele Jahre im Grundwasser umher. Auf meinem

Günter Zenker,
Kohlo, der Grubenzwerg und Nixe Sybill.
1957

Quellgrund haben die Leute von der Kohlengrube ein Gebäude errichtet. So kann meine Quelle nicht mehr springen." Die das rief, war Sybills traurige Schwester Grunda.

Doch da näherte sich ihr schon eine Grubenlampe und mit ihr Kohlo, der böse Grubenzwerg vom Braunkohlenschacht, der der Quelle der Grunda das Wasser abgrub. Mit seinem Bart aus Wurzelgeflecht, seinen rissigen Händen und dem erdbraunen Gesicht sah er zum Fürchten aus. Er ergriff Grunda und führte sie in die Verbannung zurück. „Leb wohl, Sybill! Eile! Eile, liebe Schwester, damit er dich nicht auch in seine Gewalt bekommt!" Sybill aber lachte und sprang kopfüber ins Wasser, daß es nur so spritzte. Sie wollte sich nicht fangen lassen. Die Eggersdorfer sollten auch weiterhin ihr Wasser am alten Dorfbrunnen schöpfen können. Vielleicht würde ja auch das Wasser im Dorfteich wieder sauberer. Sybill wollte dazu beitragen; sie spendete klares Wasser. Nur müßten die Eggersdorfer ihre Tränke auch sauber halten. (Nach G. Henning bearbeitet von H.-J. Geffert)

W. Bleyl,
Eggersdorf, Älteste Kirche des Kreises.
1946

Eickendorf

1176 hekenthorp, 1240 Eikendorp (Dorf des Eiko); Langhaus der Dorfkirche wurde 1750
anstelle eines romanischen Vorgängerbaus am Sachsenturm hochgezogen, dabei wurden ein romanischer Tympanon
an der Ostseite und in der SO-Ecke ein Eckquader mit Wodansknoten eingemauert

Der Stein und die Pappel vor der Eickendorfer Schmiede

Nach der verlustreichen Niederlage der napoleonischen Truppen 1812 gegen die Russen beim Übergang über die Beresina verließ Napoleon seine „Große Armee". Er wollte zurück nach Paris, um ein neues Heer aufzustellen. Auf der Flucht mußte er u.a. auch die Elbe überqueren. Da blieb es nicht aus, daß er einige Passagen zu Fuß zurückzulegen hatte. Dabei gelangte ein Stein in sein Schuhwerk, der mächtig drückte und ihn humpeln ließ. Um sich zu stützen, forderte er einen Stab, der schnell von einer Pappel geschnitten wurde.

Als der Troß die Schmiede von Eickendorf passierte, meldete der Kutscher: „Majestät, wir müssen eine kurze Rast einlegen. Ein Pferd lahmt, es hat sein Eisen verloren und muß neu beschlagen werden!" Diese Gelegenheit nutzte Napoleon, um sich von dem drückenden Stein zu befreien.

Da er den Stab nicht mehr benötigte, steckte er ihn in die Erde. Aus ihm wurde ein großer Baum. Alte Eickendorfer wollen den „großen" Stein und die mächtige Pappel vor der Schmiede noch mit eigenen Augen gesehen haben.

(Nach W. Wankel bearbeitet von H. Howald)

Das Kirchenläuten in Eickendorf

·R·SCH·

In Eickendorf rufen, wie in jedem Ort, die Glocken die Kirchgemeinde zum Gottesdienst. Dabei erscheinen die Eickendorfer immer pünktlich. Alle betreten das Gotteshaus, während die Glocken noch läuten.

Das hat seinen Grund, denn hier heißt es: „Wer die Kirche erst erreicht, nachdem die Glocke bereits verstummt ist, der wird das Ende des Jahres nicht mehr erleben."

Um diesem Verhängnis aus dem Wege zu gehen, kehren die Eickendorfer lieber unverrichteter Dinge nach Hause zurück, als etwa nach dem Aufhören des Läutens die Schwelle der Kirche noch zu betreten.

(Nach P. Krull bearbeitet von H. Howald)

R. Schiestl,
Kirchgang.
1926

Der keifende Priester

Als heftiger Eiferer gegen die Einführung der Reformation, die in den Nachbardörfern längst Fuß gefaßt hatte, ist der katholische Priester aus Eickendorf in die Annalen der Kirchengeschichte des Ortes eingegangen. Mündlichen Überlieferungen zufolge soll er, wenn er vom Kirchtum aus seine Pfarrkinder nach Biere gehen sah, entrüstet ausgerufen haben: „Da laufen die Eickendorfer Ketzer wieder nach Biere". Doch auch er mußte bald der besseren Erkenntnis Raum geben und mit der gesamten Gemeinde zur neuen Lehre übertreten.

(Nach Unbekannt bearbeitet von H. Howald)

W. Bleyl,
Eickendorf.
An der Friedhofsmauer.
1946

Förderstedt

1108 verderekstede (Hofstätte des Verderek)

Der Rüsterbaum von Luxdorf

Zwischen Förderstedt und Atzendorf lag vor mehreren hundert Jahren das Dorf Luxdorf. Seine Bewohner hatten ihr Auskommen und trieben Ackerbau und Viehwirtschaft. Da geschah es eines Tages, daß der jähzornige Sauhirt und der Schäfer des Ortes in einen heftigen Streit wegen der Weideplätze gerieten. Dabei erschlug der Sauhirt den Schäfer und vergrub ihn heimlich.

Schon bald aber fiel der Verdacht des Mordes auf den Sauhirten. Der mußte sich öffentlich verteidigen. Da verschwor er sich und rief frevelnd aus: „So wahr mein Stab nicht grünen wird, wenn ich ihn in die Erde stecke, so wahr bin ich unschuldig!" Dabei stieß er seinen Wanderstab in den Boden.

Alle glaubten ihm schon. Da aber schlug der Stab doch noch Wurzeln und zeigte grüne Triebe. Der Sauhirt erhielt seine verdiente Strafe und wurde auf dem Galgenfeld gehenkt. Der grünende Stab aber wuchs und wuchs und wurde so zu einem Symbol dafür, daß Täter ihrer gerechten Strafe nicht entgehen können. Er erreichte einen Stammesumfang, der von sechs erwachsenen Männern mit ausgestreckten Armen nur knapp umfaßt werden konnte.

(Nach W. Miedlig bearbeitet von H. Howald)

1992 setzten Atzendorfer Bürger anstelle der durch mehrfachen Blitzschlag abgestorbenen Rüster eine neue. Auch diese Rüster trug bald grüne Blätter und hält damit die Sage lebendig.

Das unheimliche Glockengeläut

R. Schiestl,
Sauhirte.
1934

Nur knapp 15 Minuten von Förderstedt entfernt liegt die Wüstung Luxdorf. Die Bahn, die nach Blumenberg fährt, geht hart an ihr vorbei. Hier lagen einst Groß und Klein Luxdorf, die untergegangen sein sollen wie Sodom oder Vineta, wie die Sage berichtet. Heute schaut das Auge nur noch auf die grünumrahmten stillen Teiche der ehemaligen Siedlungen. Wann sie verschwanden, weiß niemand, doch im Mittelalter waren sie noch bewohnt, denn das Kloster Gröningen besaß in „villa Luckesdorp" acht Hufen Land und elf Höfe. Auch das Stift St. Sebastian zu Magdeburg hatte in Luxdorf Grundbesitz.

Längst sind beide Dörfer verschwunden, doch der einsame Wanderer, der hier in der Geisterstunde vorbeigeht, höre noch immer die Klagelaute der getöteten Jungfrauen und ein geisterhaftes, unheimliches Glockengeläut, wenn es vom Förderstedter oder Atzendorfer Kirchturm Mitternacht schlägt. (Nach E. Sommermeier bearbeitet von H. Howald)

Glinde

937 glinde (Ort an den Lehmfluren); alte Herrenburg (1151) der Herren von Glinde, deren Geschlecht im 14.Jh. ausstarb; gehörte als einziger linkselbischer Ort im Kreis zum kursächsischen Ort Gommern; Schifferdorf

Der Schäfer und die Springwurz

Vor vielen Jahren zog der Schäfer von Glinde wieder einmal mit seiner Herde durch die Gemeindeflur. Da sah er am Neunmorgenberg am Wegrand eine gelbe Blume, die er noch nie gesehen hatte. Er pflückte sie und steckte sie an seinen Hut. Am Hang des niedrigen Hügels legte er danach eine Rast für seine Herde ein. Er selbst suchte sich eine schattige Stelle, setzte sich und legte seinen Hut ab. Da sprang auf einmal, genau dort, wo der Hut lag, die Erde mit lautem Krach auseinander. Ein langer Gang wurde sichtbar. Ganz an seinem Ende schimmerte es hell.

Der Schäfer wurde neugierig und ging in den Gang. Endlich gelangte er in einen großen Raum. In ihm wirkten zwei weißgekleidete Frauen. Zwei greuliche Hunde mit noch greulicheren Augen bewachten sie. Überall lagen Haufen von Gold und Silber. Eine der Frauen winkte ihm. „Nimm dir, soviel du möchtest", sagte sie zum Schäfer. Der ließ sich das nicht zweimal sagen. Er füllte alle Taschen und seinen Hut. In seinem Eifer waren aber die gelben Blumen von seinem Hut gefallen. „Vergiß das Beste nicht", warnten die Frauen. - „Ich hab's", rief der Schäfer, der glaubte, sie hätten das Gold gemeint. Noch zweimal riefen die Frauen: „Vergiß das Beste nicht!" Der Schäfer aber eilte dem Ausgang zu.

Als er den Gang verlassen wollte, brach der in sich zusammen. Dabei verletzte sich der Schäfer schwer. Für seine Heilung benötigte er einen Arzt und viele Medikamente. Die rafften alles Gold schnell dahin. Da er auch nicht mehr arbeiten konnte, ging der Schäfer letztlich elendig zugrunde. Nun erst wurde ihm bewußt, daß er die Blüten von der Springwurz vergessen hatte, die auch ohne Schlüssel alles Verschlossene öffnen können.

(Nach E. Sommermeier bearbeitet von H.-J. Geffert)

Der Ritter Gebhard

(oder: Der Bullenbeißer von Glinde)

Östlich von Glinde stand vor vielen, vielen Jahren eine Burg. Hier herrschte der Ritter Gebhard. Er war besonders raffgierig. Er schikanierte nicht nur seine Untertanen, er beraubte auch Kaufleute und tötete sie sogar. Eines Tages überfiel er einen alten Mann, der auf dem Weg nach Barby war. „Bleib stehen und gib mir all dein Geld, das du bei dir trägst!" sprach er ihn an. - „Ich habe nichts", erwiderte der. Das ärgerte den Ritter, und er schlug mit dem Schwert auf den Alten ein. In seinem Todeskampf röchelte der Alte dem Ritter zu: „Deine Burg wird untergehen. Du aber wirst in einen Hund verwandelt und wegen deiner Untaten keine Ruhe mehr finden!" Dann verstarb er.

Als der Ritter in seine Burg zurückkehrte, vernahm er ein starkes Grollen. Seine Burg versank bis auf wenige Mauerreste in der Erde. Seitdem geht der Ritter regelmäßig um Mitternacht als „Bullenbeißer" mit einer feurigen Kette um den Hals um den Burgwall.   (Nach E. Sommermeier bearbeitet von H. Howald)

Der Trompeter von Glinde

Heute ist Glinde alljährlich durch seine Lichtmeßfeiern am ersten Februarsonntag in aller Munde. Aber auch früher schon wurde hier tüchtig gefeiert. Dazu wurde Musik benötigt. Um 1850 kamen zwei lebenslustige junge Musiker aus Pretzien, die wiederholt zum Tanze in Glinde aufspielten. Sie beherrschten ihre Instrumente vorzüglich und wurden immer freudig begrüßt. Immer brachten sie Frohsinn und Fröhlichkeit.

So spielten sie auch eines Sonntags Anfang März für jung und alt wieder in der Wirtschaft Meißner auf. Sie waren über das Eis gekommen, obwohl der Tauwind schon seit einiger Zeit wehte. Es ging wieder hoch her beim Meißner. Der Nachtwächter hatte zu tun, um die Letzten vom Tanzboden nach Hause zu schicken. „Seid vorsichtig! Das Eis der Elbe hat heute Nacht schon mehrmals geknackt", mahnte er die Musiker. „Besser wäre es, ihr bliebet hier!" - „Ach was! Das schaffen wir schon. Wenn wir drüben sind, spielen wir unser Lied!" Mit ihren Instrumenten unter dem Arm betraten die Burschen das Eis. Es hatte schon Risse. Wasserlachen mußten umgangen werden.

Da gab es plötzlich einen Ruck. Das Eis der Elbe setzte sich in Bewegung. Die Jungen sprangen nun von einer treibenden Scholle zur anderen. Aber nur einer erreichte das rettende Ufer. Die Scholle, auf der sich der zweite befand, trieb gegen eine Eisbarriere und kippte um. Der Trompeter fiel ins eiskalte Wasser.

Sein Freund konnte ihm nicht helfen. Er hörte nur, wie auf einmal das Lied „von der Glocke, die so traurig klingt" ertönte, das Lied, das sie immer so gerne gemeinsam gespielt hatten. Dann brach der Trompetenklang ab. Da wußte der Musiker, daß er einen Freund verloren hatte. Überall in den Dörfern an der Elbe nahmen die Menschen Anteil am tragischen Geschick des jungen Pretzieners.

(Nach A. Kopisch bearbeitet von H.-J. Geffert)

Günter Zenker,
Die Edelfrau im
Prinzeßchen

49

Glöthe

1226 gloten; alte Herrenburg, ehemaliges Rittergut

Die Kornmuhme

(oder: Die Roggenmuhme; Die Kornjuhle)

Seit Jahrhunderten streift im Hochsommer eine stattliche ältere Frau mit langen, blonden Haaren kaum sichtbar durch die reifenden Kornfelder der Börde. Diese Frau ist die Kornmuhme. Sie ist der gute Geist der Felder; sie sorgt für einen guten Kornansatz der Ähren und Rispen und schützt die Halme vor dem Umbrechen durch den Wind und die Menschen. Dafür verneigen sich die Pflanzen vor ihr, wenn sie durch die schwankenden Halme huscht. Auch warnt sie die Kinder, Pflanzen auszureißen und zu zertreten, indem sie ruft:

„Geh' nicht ins Korn! Laß' stehen die Blumen!
Die Muhme wird die Kinder fangen,
die nach den Blumen im Felde langen!"

Kinder, die darauf nicht hören wollen, lockt sie immer tiefer in das Feld hinein; dabei verlaufen sich diese zwischen den hohen Halmen und finden nicht wieder heraus. Die Bauern danken der Kornmuhme dadurch, daß sie sie mit dem Einbringen der letzten Garbe in die Scheune holen, wo sie überwintert. Körner dieser letzten Garbe mischen sie dann im Frühjahr unter das neue Saatgut, damit die Kornmuhme immer erneut wirken kann und ständig für gute Ernten sorgt.　　　　(Nach F. Füllert bearbeitet von H.-J. Geffert)

Gnadau

1767 als Gnadenau (Ort der Gnade) von der Herrnhuterbrüdergemeine begründet, die im benachbarten Amt Barby nach Ablauf des bestehenden Vertrages ihre Heimstätte verlassen und sich eine neue Niederlassungsstätte suchen mußte. Es ist die jüngste Gemeinde des Kreises Schönebeck.

Die kleine Brezelverkäuferin

Vor einer ganzen Anzahl von Jahren soll auf dem Gnadauer Bahnhof beim Halten von Personenzügen ein kleines Mädchen an den Abteilfenstern auf und ab gegangen sein, um während der kurzen Haltezeit des Zuges das weithin bekannte und beliebte süße Erzeugnis des Ortes an den Mann zu bringen. „Gnadauer Brezeln gefällig!" klang es als Zwischenruf in die Worte des Zugführers. Doch das kleine Mädchen war nicht nur auf die Bekanntgabe seines Verkaufsartikels eingestellt, sondern hatte seine Aufmerksamkeit auf die vielen Abteilfenster zu richten, denn mancher Reisende, der öfter Gnadau passierte, wollte von hier aus auch sein „Viertel" mitnehmen.

Die Liliput-Brezeln waren in Gnadau bereits vor 1800 erfunden worden und sogar patentrechtlich geschützt. Das Rezept, als Geheimnis gehütet, soll, so wurde berichtet, mit dem letzten Bäcker, der sich noch auf das Brezelbacken verstand, verloren gegangen sein, denn wenige Jahre nach dem zweiten Weltkrieg verschwanden die einst sogar nach Amerika und in die Schweiz exportierten Gnadauer Brezeln völlig vom Markt und damit auch die kleine Brezelverkäuferin vom Gnadauer Bahnhof.

(Nach Unbekannt bearbeitet von H. Howald)

Günter Zenker,
Der Schäfer von
den Pröbstteichen

52

Günter Zenker,
Eggersdorf,
Dorfbrunnen

W. Bleyl,
Gnadau,
Kirche der
Brüdergemeine.
1946

Der Gnadauer Schwesternbusch

Seinen Beinamen, „das grüne Dorf", verdankt Gnadau seinem überreichen Grünschmuck, der auf die ersten Jahre seiner Gründung zurückzuführen ist. Zu finden ist hier auch der „Schwesternbusch", von dem eine Legende berichtet, er sei 1804 von den Jungfrauen der Brüdergemeine angelegt worden. Deren Unterrichtsanstalten wurden von Schülerinnen aus allen Teilen Deutschlands besucht.

(Nach Unbekannt bearbeitet von H. Howald)

Armin Timler,
Gnadau.
1943

Günter Zenker,
Rosenburg

Günter Zenker

W. Giese,
Großmühlingen,
Schloß.
1929

Großmühlingen

935 mulinga (Ort an den aufragenden Hügeln - Weinberg und Mühlen- oder Kirchberg); alter Grafensitz im Nordthüringau, Zentrum der Grafschaft Mühlingen, zu der das Gebiet zwischen Elbe, Saale, Bode und Sülze gehörte; germanische Dingstätte auf dem Weinberg; 1195 Niederungsburg, 1318 niedergebrannt und ab 1530 als Schloß zur Residenz der Arnsteiner Grafen von Mühlingen und Barby ausgebaut; bildete bis 1945 zusammen mit Kleinmühlingen eine der anhaltinischen Enklaven in Preußen.

Der Geheimgang vom Weinberg

Der Weinberg zwischen Groß- und Kleinmühlingen ist ebenso wie die anderen Erhebungen unseres Kreises ein Ergebnis der Eiszeit. Mit seinen 111 m Höhe ist er wie der Kirchberg (88 m) eine Kames-Bildung, die dem eigentlichen Endmoränenzug nördlich vorgelagert ist.

Von hier hat man einen herrlichen Rundblick. Da verwundert es nicht, wenn unsere Vorfahren auf dem Weinberg vor Jahrhunderten einen Wartturm oder Spiecker errichteten. Von hier konnte das Anrücken von Feinden gut beobachtet werden. Solche Informationen waren für die Burg und das spätere Schloß mehr als lebensnotwendig.

Diese Tatsache ist Anlaß für folgende Behauptung: Zwischen dem Wartturm auf dem Weinberg und dem Großmühlinger Schloß existiere ein unterirdischer Gang, durch den die Beobachter auf dem Berg ihre Wahrnehmungen in das Schloß getragen hätten. Gleichzeitig hätte dieser Gang als Fluchtweg der eingeschlossenen Schloßherrn gedient.

Bis heute ist dieser Gang nicht gefunden. Vermutlich gibt es ihn gar nicht, wenn man bedenkt, daß sowohl Burg als auch Schloß von breiten, erst 1875 trockengelegten Gräben allseitig umgeben waren.

(Nach F. Loose bearbeitet von H. Howald)

Günter Zenker,
Kreuzhorst/
Randau

60

Der Mordstein

Am Feldweg von Großmühlingen nach Biere stand bis vor einigen Jahrzehnten ein alter Sandstein mit einer verwitterten Inschrift. Er wurde als Mordstein bekannt.

Vor vielen Jahren sollen hier die Schäfer aus Biere und Großmühlingen in einen heftigen Streit geraten sein. Anlaß waren die Weidegründe. Das Besondere war, daß hier östlich der heutigen Bahnlinie Schönebeck-Staßfurt die Landesgrenze zwischen Anhalt und Preußen verlief und deshalb dieser Streit zu einem Grenzkonflikt ausartete.

Die beiden Schäfer, von denen sich besonders der Großmühlinger als Vertreter seines Dienstherrn (der Großmühlinger Schafmeister hatte auf dem Gut eine feste, angesehene Anstellung; selbst der Hofmeister konnte sich mit ihm nicht messen) verstand, gingen mit Messern aufeinander los und durchbohrten sich gegenseitig. Um solche Konflikte später zu vermeiden, wurde deshalb dieser Inschriftenstein hier aufgestellt. Er markierte von nun an exakt die Grenze zwischen den beiden Staaten.

(Nach F. Loose bearbeitet von H. Howald)

W. Giese,
Kiesgrube bei
Großmühlingen,
1928

G. Kraatz,
Salvatorkirche Kleinmühlingen.
1993

Kleinmühlingen

1016 als mulingeslaw (Mühlingen der Slawen); jüngere Dorfkirche enthält Reste einer Wehrkirche aus dem 12.Jh.

Der Schäfer von Kleinmühlingen
(oder: Wie der Teufelsküchenberg seinen Namen erhielt)

Vor 250 Jahren wurden in den Dörfern unserer Gegend weit mehr Schafe als heute gehalten. Jedes Jahr stellte dafür der Dorfschulze zu Martini (11. November) einen Schäfer ein. Der hütete und versorgte seine eigenen Schafe und die der Bauern eines Dorfes. So hatte auch Kleinmühlingen seinen neuen Schäfer bekommen. Der trieb eines Tages seine Herde zur wüsten Dorfstelle Ackendorf in Richtung Felgeleben. Hier gab es früher einmal ein wohlhabendes Bauerndorf. Vor vielen Jahren hatten umherziehende Söldner es aber geplündert und die Häuser bis auf die Grundmauern niedergebrannt. Nun überwucherten Gestrüpp und hohe Disteln die Ruinen. Nur der kleine Dorfteich war geblieben.

Als die Herde sich der Wüstung näherte, wurden die Schafe auf einmal unruhig. Die Hunde konnten die Herde nicht mehr zusammenhalten, sie zerstob in alle Winde. Ein Schaf aber stand reglos auf der sanften Anhöhe der Wüstung. Zu ihm ging der Schäfer zuerst. Als er dort anlangte, fühlte er sich mit einem Male in der Küche des Teufels, wo der Teufel am Herd stand und das Essen zubereitete. „Setzt euch! Nehmt mit mir das Essen ein! Ihr seid mein Gast!" sagte der Teufel. Der Schäfer war erschrocken. Als frommer Mann fiel er auf die Knie und betete zu Gott. Da löste sich der Spuk, und der Teufel war nicht mehr zu sehen.

Schnell trieb nun der Schäfer seine Herde zusammen. Davon war er sehr ermattet. Deshalb setzte er sich müde an den Rand des alten Dorfteiches von Ackendorf. Dabei schlief er ein. Diesen Augenblick hatte der Teufel erwartet. Er zog den Schäfer an den Beinen in die Tiefe des Teiches, ohne daß Hunde und Schafe etwas davon bemerkten. Als sie der Schäfer in der Dämmerung noch immer nicht nach Hause führte, machten sie sich alleine auf den Weg. Den Schäfer aber hat nie wieder ein Mensch gesehen.

(Nach W. Hoyer bearbeitet von H.-J. Geffert)

Lödderitz

Slawische Gründung; 1330 loderwyz (Dorf des Verwalters); östlich des Ortes slawischer Burgwall;
hier auch der Herrensitz „tu smedeberg" (1328)

Die umgebaute Ritterburg im Eichwald

Die Gegend zwischen Aken und der Saalemündung war zu den Zeiten, da die Flußläufe noch nicht von starken Dämmen gezügelt waren, von vielen Sümpfen durchzogen. Nur auf erhöhten, festen Stellen konnten die Bewohner ihre ärmlichen Katen errichten. Doch im dichten Eichenwald beim Dorf Krüger stand auch eine steinerne Kirche. Sie soll aus einer umgebauten Raubritterburg entstanden sein. Aber sie brachte den Leuten nur Unglück. Eines Tages brach das ganze Gebiet sogar ein. Es bildete sich ein See, der Krügersee. Auf seinem Grunde soll man bei etwas Glück das versunkene Dorf sogar noch liegen sehen.

(Nach Unbekannt von H. Howald)

Karl Hennemann,
Abends am Moor.
1947

Pechau

Slawische Gründung - 948 pechoui (Ort auf dem Sandhügel); slawischer Burgwall an der Alten Elbe und der Kreuzhorst (etwa 280 ha großes Auenwaldgebiet - Teil des Landschaftsschutzgebietes „Mittelelbe")

Die heilige Eiche in der Kreuzhorst

Vor mehr als 800 Jahren verirrte sich der Magdeburger Erzbischof Norbert von Xanten in der Kreuzhorst. Dieser Wald hatte damals eine viel größere Ausdehnung als heute. Nach vielen Irrwegen ruhte er sich schließlich unter einer riesigen, uralten Eiche auf einem freien Platz aus und schlief ein. Da weckte ihn plötzlich ein gewaltiger Sturm, und vor ihm stand ein ehrwürdiger Greis, der Gott der Heiden, Wodan. Norbert erschrak. Da fragte ihn der Alte: „Warum verfolgt ihr Christen meine Anhänger? Seid toleranter! Achtet auch die Meinung Andersdenkender!" Norbert wußte keine Antwort. - Da verschwand nach einer Weile der Greis. Es wurde stockfinster. Aber ein leuchtender Stab wies Norbert den Weg nach Magdeburg zurück.

Erleichtert gelobte darauf der Erzbischof: „Dieser Eichenbaum darf niemals von Menschenhand gefällt werden. Er möge zukünftig Zufluchtstätte für alle sein, die Schutz vor Verfolgern suchen!" In Magdeburg gebot er allen Untertanen, diese mit einem Kreuz versehene Eiche weder zu berühren noch zu fällen.

Lange Zeit später wurde ein Jüngling in der Kreuzhorst von Räubern verfolgt. Völlig erschöpft kam er zur Eiche und wollte sich seinem Schicksal ergeben. Doch wie staunte er. Jedesmal, wenn sich ihm ein Räuber näherte, wurde der von unsichtbarer Hand niedergeworfen und getötet. Der so Gerettete begab sich später nach Magdeburg und berichtete dort von seinem sonderbaren Erlebnis. Da erinnerte man sich an die heilige Eiche mit ihrer geheimen Kraft. Noch heute soll der Baum dort stehen. Nur hat ihn noch niemand wieder gefunden.

(Nach W. Miedlig bearbeitet von H.-J. Geffert)

Marie Braun,
Ein Schäfer beobachtet den Tanz der Nebelfrauen. 1921

Plötzky

Slawische Gründung - 1228 plozeke (durch Zäune gesicherter Ort), alte heidnische Opfer- und Gerichtsstätte;
um 1170 romanische Wallfahrtskirche; 1210 Gründung eines Zisterzienser Nonnenklosters,
das sowohl Christianisierung als auch landwirtschaftliche Erschließung des Einflußgebietes verfolgte:
1530 1 Äbtissin, 28 Nonnen und 3 Laienschwestern; 1534 Säkularisation unter dem Einfluß der Reformation -
1575 verstarb letzte Klosterinsassin; 1578 verlassene Klostergebäude u.a. für Bau der Burg Gommern abgetragen;
1793 Klosterkirche abgerissen; erhalten blieb nur noch ein Teil der Klostermauern am Ostausgang des Ortes.

Die wandelnde Nonne

Zu Beginn des 16.Jh. trat gegen ihren Willen eine junge Adelige als Ordensschwester in das Kloster der Zisterzienserinnen, der „Weißen Nonnen", ein. Sie hatte das Ordensgelübde unter dem Druck ihres Vaters geleistet, denn sie selbst hatte sich einem jungen Edelmann aus Thüringen versprochen. Ihr Vater, der damit nicht einverstanden war, ließ sie deshalb in das entfernte Kloster bringen. Der junge Edelmann wollte sich aber mit diesem Entschluß nicht abfinden. Er zog mit einigen Getreuen nach Plötzky, überwand die Klostermauern und entführte die junge Geliebte wieder nach Thüringen auf seine väterliche Burg, wo sie ein sehr glückliches Leben miteinander führten.

Nach ihrem Tod soll die Edelfrau wieder im Kloster aufgetaucht sein. Besonders in den Nächten habe sie durch ihr ruheloses Umherwandeln ihre Reue über den Treubruch an ihrem Gelübde zu erkennen gegeben. Am Tage sah man sie als Nonne gedankenversunken immer wieder an anderen Stellen im Ort sitzen. Sie wäre sehr schön gewesen, aber ihr Gesicht wäre leichenblaß und mit glänzenden Perlen und Steinen besetzt. Für Bittende hätte sie immer eine kleine Gabe gehabt.

Von der gleichen Nonne wird weiter berichtet: Die Großzügigkeit der wandelnden Nonne sprach sich bald im Ort herum. Als eine arme Braut und ihre Mutter einmal mitten in der Vorbereitung zur Hochzeit waren, kamen sie auf die seltsame Nonne zu sprechen. „Mutter", sagte die Tochter, „wir sollten sie anreden, vielleicht erhalten auch wir eine Gabe zu meiner Hochzeit!"

Da machte sich die Mutter auf den Weg zur Nonne und erhielt auch tatsächlich ein kleines Beutelchen, nachdem sie ihre Bitte vorgetragen hatte. Zu Hause öffnete sie den Beutel und fand in ihm 50 Goldstücke alter Prägung und zwei mit Edelsteinen besetzte Kreuzchen. Die beiden Frauen waren überglücklich. Natürlich erzählten sie sofort dem Bräutigam von diesem Geschenk. Der aber wollte es nicht annehmen. „Warum werden gerade wir beschenkt?" - „Vielleicht weiß die Frau ja auch gar nicht, was sie tat!"

So nahm er den Beutel und suchte die Nonne. Als er sie fand, gab er der Nonne den vollen Beutel wieder zurück. Die reichte ihm aber als Gegengeschenk eine wunderschöne Rose und verschwand. Obwohl verwundert, stellte er zu Hause die Rose in ein Wasserglas. Dabei stieß er aber aus Versehen ein Blatt ab, das auf dem Tisch liegenblieb. Am anderen Morgen lag anstelle des Blattes ein Goldstück da. Auch der nächste Morgen brachte für den jungen Maurer wieder ein Goldstück. Jeden Morgen löste sich von der Rosenblüte ein neues ab. So kam der redliche junge Mann mit seiner Frau zu soviel Goldstücken, daß sie sich in der nahen Stadt ein Haus bauen konnten und dort ihr Auskommen hatten.

Wie die Plötzkyer Klosterurkunden verschwanden

Als das Kloster in Plötzky 1534 im Zuge der Reformation aufgelöst werden sollte, bestellten die Fürsten von Anhalt [Georg III. (Plötzkau) regierte gemeinsam mit seinen Brüdern Johann II. (Zerbst) und Joachim (Dessau)] die Ordensschwestern nach Dessau. Sie stellten Besitzansprüche, weil das Kloster von einem ihrer Vorfahren gegründet worden sei. Um das festzustellen, sollten die Nonnen die originalen Gründungsakten mitbringen.

Der sicherste Weg, um von Plötzky an der Alten Elbe nach Dessau zu kommen, war in der damaligen Zeit der Schiffsweg auf der Elbe. So nahmen denn die Vertreter des Klosters einen Kaffenkahn und verluden darauf die Truhe mit den Urkunden. Bald aber kam ein mächtiger Sturm auf. Dabei kenterte der Kahn. Einige der mitfahrenden Nonnen und die Truhe mit den Dokumenten wurden über Bord gespült und von den Wellen verschlungen. Seitdem gelten die Urkunden als verschollen.

(Beide Sagen nach J.G.Th. Gräße bearbeitet von H. Howald)

Pömmelte

Slawische Gründung - 1192 pomelte (auf Schlamm gebauter Ort)

Der Schäfer von Pömmelte

(oder: Der Schäfer von Prebitz; Das verwunschene edele Fräulein von den Pröbstteichen)

Vor Jahr und Tag hütete der Schäfer Kilian aus Pömmelte seine Herde in unmittelbarer Nähe der Pröbst-

RTH (?),
Schäfer mit Herde.
1934

teiche kurz vor Barby, dort wo die wüste Dorfstelle von Prebitz lag. Da erschien ihm plötzlich ein wunderschönes Mädchen, in das sich der Schäfer sogleich verliebte. Sie bemerkte das und sagte: „Komme am nächsten Sonntag wieder hierher und küsse das, was du hier findest, dreimal, so wird dir das Glück hold sein!" Damit verschwand sie.

Der Schäfer aber konnte diesen Tag kaum erwarten. Am Sonntag war er schon in der Frühe an den Pröbstteichen und hielt erwartungsvoll Ausschau. Doch er gewahrte nur eine große, häßliche Kröte. Die zwinkerte ihm freundlich zu, und er nahm das Tier in die Hand. Doch als er seine Lippen auf ihr garstiges Maul drücken wollte, überkam ihn das Gefühl von Abscheu. Er warf die Kröte zu Boden. In diesem Augenblick verwandelte sich die Kröte in seine angebetete Schöne und sagte traurig: „Oh Schäfer, hättest du mich geküßt, so wäre ich erlöst!"

(Nach K. Höse bearbeitet von H.-J. Geffert)

Der Kater von Monplaisir

Die Arbeiten zur Erhöhung der Deiche bei Barby im Jahre 1780 zogen sich über Wochen hin. Als Entgelt für ihre Arbeiten erhielten die Leute pro Woche und Person je zwei Sack Kartoffeln, die sie sonnabends mit nach Hause nahmen.

Auch Vater Lewit und sein Sohn mußten die Kartoffeln vom Vorwerk Monplaisir, das Herzog Heinrich um 1710 als holländische Meierei für den herzoglichen Hof in Barby hatte errichten lassen, abholen. Sie transportierten die vier Säcke auf einer Bockkarre. Das war schwer, und so suchte der Vater den kürzesten Weg nach Pömmelte. Er führte durch die Felder über den Steg am Landgraben. Es wurde schon dunkel.

„Vater, nachts soll am Steg der Schwarze Kater sein Unwesen treiben und die Leute narren. Laß uns woanders gehen!" - „Die Last ist schwer! Es bleibt dabei! Wir karren über den Steg!"

Als sie den Steg erreichten, saß dort tatsächlich im Mondschein der Kater auf dem Geländer. Aber der Vater hielt mit seiner Karre direkt weiter auf den Steg zu. Da sprang der Kater dem Vater auf die Schulter und, als der sich wehrte, auf die Karre. Dabei zerbrach das Rad, und der Kater war verschwunden.

K. Schneider,
Schäfer mit Herde.
1929

Vater und Sohn schleiften die Kartoffelsäcke nun auf der Karre ohne Rad nach Hause. Der Vater war dadurch völlig erschöpft und legte sich sofort aufs Bett. Seine Füße waren so geschwollen, daß Frau und Sohn ihm schließlich die Stiefel aufschneiden mußten. Von der Kraftanstrengung hat sich Lewit nicht wieder erholt. Nach acht Tagen verstarb er. Der Kater aber soll noch Jahre danach in dieser Gegend sein Unwesen getrieben haben.

(Nach W. Hoyer bearbeitet von H.-J. Geffert)

Pretzien

Slawischer Rundling - 1147 brithzin (Ort an den Birken); um 1140 erbauen hier Prämonstratenser-Mönche mit der romanischen Saalraumkirche neben Leitzkau und Jerichow eines der ältesten Sakralgebäude aus Stein östlich der Elbe; besonders wertvoll sind die Fresken in der Apsis aus der Zeit von 1220 bis 1230

G. Kraatz,
Saalraumkirche St. Thomas.
1993

Die Klosterglocke

Als die Klosterkirche des Zisterzienser-Nonnenklosters in Plötzky 1793 abgerissen wurde, interessierten sich gleich mehrere Nachbargemeinden für die alte, schwere Klosterglocke, obwohl sie bereits lange vorher für die Kirche in Pretzien bestimmt war. Es kam zum Streit, der an Ort und Stelle ausgetragen wurde.

Nachdem die Glocke vom Glockenstuhl heruntergelassen worden war, versuchten die interessierten Orte nacheinander, die Glocke auf ein Fuhrwerk zu verladen. Obwohl sie alle möglichen Hilfsmittel nutzten, gelang das keiner Gemeinde. Erst als die Pretziener es versuchten, glückte es ihnen mit Leichtigkeit. So ist die Glocke schließlich doch noch an den „rechtmäßigen" Besitzer gekommen.

(Nach Unbekannt bearbeitet von H. Howald)

Randau

Slawische Gründung - 1236 ran dowe (Aue am Rande); alte Herrenburg südlich vom Göbs,
später Ritterburg derer von Ahrensleben; um 1750 zum jetzigen Standort des Herrenhauses verlegt.

Das Ende der Feste Randau

(oder: Die Ahnfrau von Randau)

Am Ende des 13. Jahrhunderts unternahmen die Herrn von Randau immer wieder Überfälle auf Warenzüge Magdeburger Kaufleute. Da wunderte es kaum, wenn die Stadt Magdeburg eine schlagkräftige Truppe ausschickte, um deren Feste zu schleifen. Aber die hohen Mauern der Burg Randau erhoben sich trotzig am Ufer der Alten Elbe.

Schon Wochen lagen die Magdeburger mit ihrem Anführer Tile Weske vor der Burg. Sie war im Kampf kaum einzunehmen. Immer und immer wieder ging Weske um die Burg, um irgendeinen Schwachpunkt zu erkennen. Vergebens. Da wurde er eines Tages von einem Wenden, der auf der Randauer Burg lebte, angesprochen: „Ich soll Euch einen Brief von Eurer Geliebten, der Gräfin Adelheid von Barby, überbringen, die schon seit Monaten als Gefangene in dieser Burg schmachtet und Eurer harrt. Sie hat, aus Liebe zu Euch, die dringenden Werbungen des Ritters Konrad von Randau zurückgewiesen."

„Du lügst! Das kann nicht sein! - Zeig den Brief!", und er las: „Lieber Freund, nach unserem letzten Zusammensein im Barbyer Burggarten wurde ich von Konrad hierher entführt. Er will mich zu seiner Frau nehmen. So Ihr Mut habt, mich zu befreien, gebt ein Zeichen! Schlagt Feuer, und ich werde Euch eine Strickleiter zuwerfen. Gelingt das Wagnis, so bin ich für immer Eure Adelheid!"

Als es dunkel geworden war, gab Tile das erwartete Zeichen. Sofort rollte die Strickleiter herab, und Tile kletterte zum Fenster der Geliebten empor. Das bemerkten jedoch die Belagerten. Sie verhinderten, daß noch weitere Magdeburger in die Feste einsteigen konnten. Tile wurde nun überall in der Feste gesucht. Er mußte sich verstecken. Da erschien ihm die Ahnfrau: „Komm her! Verhalte dich ruhig. Hier bist Du sicher. Ihr werdet die Zwingfeste einnehmen, aber widersteht noch für kurze Zeit Eurer großen Liebe. Wankt Ihr auch nur für kurze Zeit, so werden Euch die Trümmer der besiegten Feste unter sich begraben!"

Tile war sicher. Die Belagerten fanden ihn nicht. Als es in der Burg wieder ruhig wurde, machte sich Tile auf die Suche nach Adelheid. Schließlich fand er sie. Schon bald waren die warnenden Worte der Ahnfrau vergessen. Beide fielen sich in die Arme, beteuerten sich ihre Zuneigung und waren froh, sich wiedergefunden zu haben. Da erschien die Ahnfrau noch einmal. Sie drohte beiden mit dem Finger, sagte aber kein Wort. Jetzt erst schmiedeten die beiden Verliebten ihren Plan zur Flucht. Über eine Strickleiter gelangten beide unbemerkt nach draußen.

Unmittelbar, nachdem Tile Adelheid in Sicherheit wußte, begab er sich mit seinen Mitstreitern über die Leiter wieder in die Burg, um sie von innen zu stürmen. Bei diesem Kampfgewimmel ließen sowohl Konrad als auch Tile ihr Leben. Als Adelheid davon hörte, stürzte sie in die brennende Burg, um ihren Tile zu suchen. Dabei wurde sie von einem herabstürzenden Balken erschlagen. Erst im Tode war ihnen nun die Ver-

einigung beschieden, die ihnen das Leben versagt hatte.

(Nach M. Hennige bearbeitet von H.-J. Geffert)

Michael Wolgemut, Totentanz. 1493

Ranies

Slawische Siedlung - 1176 ranys (Ort des Ranis);
alte Herrenburg (1176) in der Nähe zwischen Alter Elbe und Stromelbe Burg Gottau (1237)

Wie Ranies zu seinem Wappen kam

Einer der Nachfolger des Ranieser Burggrafen fand weder bei der Arbeit noch beim Waffengebrauch Erbauung. Er war dem Kartenspiel und der Würfelsucht verfallen. Überall, wo sich die Möglichkeit ergab, spielte er. Dabei ging es sehr oft auch um hohe Einsätze. So blieb es nicht aus, daß er schließlich sein gesamtes Hab und Gut verspielte. Trotzdem spielte er weiter und verschuldete sich hoch. Als seine Gläubiger nun ihre Spielgewinne einklagen wollten, sah er keinen Ausweg mehr.

Er ging in den nahegelegenen Wald, um sich zu erhängen. Da fiel sein Blick auf einen Eichelstrauch. Den betrachtete er lange! - Dabei kam ihm der Gedanke: Wenn es möglich ist, daß aus einem kleinen Eichelsamen im Laufe vieler Jahre ein großer Baum erwächst, dann müßte es auch ihm möglich sein, mit fleißiger Arbeit und Sparsamkeit seine Schulden abzuzahlen und ein auskommendes Leben zu führen. Und so gab er seine ursprüngliche Absicht, sich das Leben zu nehmen, auf und ging in den Ort zurück. Damit er stets an sein neues Vorhaben erinnert wurde, zierten von nun an drei Eicheln sein Wappen. Als ihm nach Jahren die Burg und der Ort wieder gehörten, verordnete er dem Ort das gleiche Wappen. Es sollte jedem Bewohner als ein Hoffnungszeichen in schwieriger Zeit dienen.

(Nach Unbekannt bearbeitet von H.-J. Geffert)

Der nächtliche Reiter von Ranies

(oder: Der „wilde" Jäger)

Vor vielen, vielen Jahren lebte in Ranies ein Burgherr. Seine Burg lag dort, wo heute die Kirche steht. Dieser Ranieser Burggraf war äußerst geizig. Seine Knechte und Mägde bekamen es immer wieder zu spüren. Aber auch sich selbst und seinen Angehörigen gönnte er kaum etwas. So hatte er, bevor er verstarb, einen gewissen Reichtum angesammelt.

Nach den Vorstellungen unserer Vorfahren nun sollte jemand, der derart geizig war, in seinem Grabe keinen Frieden finden. Deshalb wurde der verstorbene Burggraf dazu verbannt, täglich auf einem Pferd in Rüstung zur Mitternacht um den Burgberg zu reiten. Würden dabei aber Bewohner das Klirren seiner Rüstung hören, so sollte er denen einen gehörigen Batzen Geld bezahlen. Vielen Raniesern soll dieses Glück nicht zuteil geworden sein.

(Nach Unbekannt bearbeitet von H.-J. Geffert)

H.J. Berthold,
Der Helljäger.
1923

W. Bleyl,
Kleinrosenburg,
Burgtor-Ruine.
1946

Rosenburg

Deutsche Gründung - 865 rosburg (von Schilf umgebene Burg), ehemaliger sächsischer Burgwardvorort, kommt 968 mit dem Burgwardbezirk an das Erzbistum Magdeburg, als Lehen von 1136 bis 1270 an die Grafen von Querfurt und um 1300 als Afterlehen an die Barbyer Grafen; alte Rundburg um 1400 zerstört, neue Burg mit Dreieck-Grundriß wird 1798 zu einer schloßartigen Anlage umgebaut, die in Kriegswirren 1945 Opfer der Flammen wurde.

Die Schlüsseljungfrau von Rosenburg

Bei Kleinrosenburg streifte jahrhundertelang nachts die Schlüsseljungfrau durch die Fluren und Wälder. Sie war eine verwunschene Prinzessin und besaß den Schlüssel zu den unterirdischen Schätzen an der Saale. Wer das rechte Lösungswort sprach, konnte sie erlösen und die reichen Schätze sein eigen nennen.

Heute trifft man sie nicht mehr. Doch keiner weiß, wer die Schlüsseljungfrau erlöst hat und zu großem Reichtum gekommen ist.

(Nach W.O. Richter bearbeitet von H.-J. Geffert)

Die „Weiße Frau" von der Gruselei

Die Bewohner Rosenburgs bezeichnen noch heute einen Teil des Rosenburger Forstes als „Die Gruse-lei". Hier soll zu mitternächtlicher Stunde die „Weiße Frau" mit einem goldenen Schlüsselbund erscheinen.

Jeden, dem sie dort begegnet, versucht sie, mit dem Schlüsselbund zu berühren. Es heißt: Der Berührte sei daraufhin dem Tode verfallen. Deshalb meiden viele Rosenburger nachts diese Gegend.

Eine andere Version besagt, die Berührten würden der Liebe verfallen.

(Nach K. Westphal bearbeitet H. Howald)

C. Spielwerg,
Fährhaus bei Kleinrosenburg.
1801

Wie aus der Rosburg Rosenburg wurde

(oder: Die redenden Wappen der Herrschaft und des Ortes Rosenburg)

Vor mehr als 1000 Jahren ließ der sächsische König Heinrich I. auch an der Saale, nahe ihrer Mündung, einen Burgward errichten. Er sollte als Schutz gegen die Slawen dienen. Aber bald war der Schutz nicht mehr erforderlich. Die Grenze des Reiches war weit nach Osten verlegt worden. So kam die Gegend um den Burgward als Lehen an die Grafen von Querfurt. Die bauten die Feste aus. Als Ritter hatten sie das Kriegshandwerk zu ihrem Beruf gemacht. Darauf war ihre ganze Lebensweise ausgerichtet. Sie übten sich im Waffengebrauch, in der Jagd und im Reiten. Die dazu benötigten Pferde züchteten sie auf den saftigen Saalewiesen. Weil nun in der Nähe der Burg soviele Pferde zu sehen waren, nannten die Menschen der Umgebung den Herrensitz bald die „Rosburg". Jahre später waren nun der Magdeburger Erzbischof und die Fürsten von Anhalt zerstritten. Beide Parteien zogen mit ihren Bewaffneten marodierend durch unser Gebiet. Dabei legten sie auch die „Rosburg" und die umgebenden Orte in Schutt und Asche. Nach und nach wurdenen die Ruinen der „Rosburg" von wildernden Rosen überwuchert. Als die Bewohner später nahe dieser mit Rosen verwachsenen Burgreste eine neue Siedlung aufbauten, nannten sie sie Rosenburg. Auch die an anderer Stelle wiedererrichtete Burg erhielt diesen Namen. (Nach O. Wolf bearbeitet von H.-J. Geffert)

Wie der Hasselbusch entstand

Der Hasselbusch, heute Teil des Rosenburger Forstes, war vor Jahrhunderten ein fruchtbares Ackerstück, das ein Rosenburger Ackersmann bewirtschaftete. Wegen seiner Fruchtbarkeit war es immer wieder Objekt der Begehrlichkeit der Prämonstratenser-Mönche vom Kloster Gottesgnaden. Schließlich fanden die in ihrem Archiv alte Rechtstitel, mit denen sie ihren Anspruch auf das Flurstück belegten.

Nach längerem Rechtsstreit mußte der Ackerbesitzer seine Rechte abtreten. Er erreichte jedoch einen Aufschub für die Abgabe seines Feldes, bis er nochmals gesät und geerntet habe. Das gewährten die des Sieges sicheren Mönche dem Ackersmann gnädig. Der listige Bauer aber setzte dort nun Eicheln und verwies im kommenden Jahr darauf, daß die Ernte der winzigen Eichen noch nicht einzubringen war. Die Mönche waren überlistet. Die Übergabe der Fläche verschob sich von Jahr zu Jahr. Ob die Mönche je in ihren Besitz gekommen sind, darüber ist nichts bekannt. (Nach K. Westphal bearbeitet von H. Howald)

Die Jungfrau im Sarge

Eines Nachts war ein Rosenburger Schiffer mutterseelenallein auf dem Weg von seinem Schiff auf der Saale nach Hause. Als er an der Doppeltoranlage der „Rosenburg" vorbeikam, gewahrte er einen Sarg und wurde neugierig. Er öffnete den Sarg und sah ein junges Mädchen darin liegen. Fürwitzig zog er der Toten einen Handschuh aus und nahm ihn mit.

Noch in der gleichen Nacht erschien die tote Jungfrau in seiner Wohnung und erbat ihren Handschuh zurück. Dem Schiffer wurde angst und bange, aber er erfüllte ihre Bitte nicht. Daraufhin erschien diese in der folgenden Nacht wieder. Diesmal forderte sie drohend ihren Besitz. In seiner Not vertraute sich der Schiffer nun dem Pfarrer an und fragte, was er tun solle. Der riet ihm, den geraubten Handschuh der Toten an Ort und Stelle wieder über die Hand zu streifen. Das tat der Schiffer auch. Als er aber den Handschuh über die Hand gestreift hatte, erhob sich die Tote und verabreichte dem Leichenfledderer eine so gewaltige Ohrfeige, daß ihm Hören und Sehen verging.   (Nach G. Winkler bearbeitet von H. Howald)

Hans Weiditz (?), Der Schatzgräber darf nicht sprechen, wenn Geistererscheinungen ihn bedrängen. 1532

Sachsendorf

Neuzeitliche Neugründung von 1770 auf alter Wüstung sassendorp (1385-Dorf der Sachsen oder Sassen/Kossaten)

Der Doggenstein

(oder: Der Wilderer von Zuchau)

Wieder einmal war der Wilddieb dabei, seine aufgestellten Fallen in der Sachsendorfer Feldmark aufzusuchen. In einer Falle hatte sich bereits ein Feldhase gefangen. Geschickt tötete ihn der Dieb und nahm ihn mit, um den Hunger seiner großen Familie stillen zu können. Dann kontrollierte er weitere Fallen. Er hoffte, noch mehr Wild zu finden.

Da sah er in der Ferne den Wildhüter des Grafen mit seiner großen Dogge von Patzetz her auf sich zukommen. Schnell versteckte er sich im hohen Gras am Weg, der in Richtung Sachsendorf führte. Als der Hegereiter sich näherte, witterte dessen Hund den toten Hasen und damit den Wilddieb. Der Aufseher hielt nun sein Pferd an und befahl: „Steh' auf! Nimm die Hände hoch!" Der Wilddieb aber blieb liegen und rührte sich nicht. Da hetzte der Reiter den Hund auf ihn. Der ließ das Tier an sich herankommen und stieß den Hund mit einem Messer nieder. Erschrocken jagte der Hegereiter davon und holte Hilfe. Der Wilddieb wurde bald gefangen und bestraft.

Den treuen Hund begrub man an der Stelle, wo er im Dienste seines Herrn den Tod gefunden hatte. Dann legte man einen großen Findling auf das Grab der Dogge. Vorbeikommende Wanderer nannten diesen Stein fortan den „Doggenstein" und ebenso auch die dort liegende Feldmark. Der Findling ist aber längst verschwunden.

(Nach H. Becker bearbeitet von H.-J. Geffert)

Merian,
Stich Schönebeck,
1653

Frohse
(bis 1932)

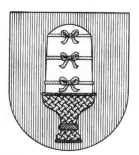

Groß Salze
(bis 1926
Bad Salzelmen
(1926-1932)

Schönebeck
(bis 1932)

Schönebeck
(ab 1932)

82

Schönebeck

Fischer- und Schiffersiedlung an der Elbefurt (Salzstraße) nahe einer Feudalburg (1150), die sich um 1200 zu einer planmäßigen Stadtanlage erweiterte; 1223 sconebeke (Ort am schmalen Bach-Röthegraben); ab 1704 Ansiedlung von Industriebetrieben; Eingemeindungen: 1913 Grünewalde und Elbenau; 1923 von Felgeleben und 1932 von Frohse (936 als Burgward vraso-Ort auf dem Rasen) und Salzelmen, das durch Vereinigung von Elmen (1124 elmene-Ort an den Ulmen) und Groß Salze (1220-Ort am Großen Salz) entstanden war; 1946 kreisfrei, ab 1950 Kreisstadt

Die Opferfeuer der Germanen auf dem Hummelberg
(oder: Die Gründung der Orte Westerhüsen und Esterhusen)

Vor etwa 1500 Jahren eroberten die Stämme der Franken und Sachsen unser Gebiet. Die Franken waren bereits Christen, und so wollten sie die hier lebenden Menschen ebenfalls zum Christentum bekehren. Die aber hielten am Glauben ihrer germanischen Vorfahren mit großer Hartnäckigkeit fest. Auf dem Hummelberg verehrten sie ihren Göttervater Wodan, seine Gemahlin und Frühlingsgöttin Freia, den Gewittergott Donar und den Gott des Feuers und der Unterwelt Loki. Hier entzündeten sie zu Ehren dieser Götter Opferfeuer und hinterlegten für sie Speisen und Getränke. Auch ihre Toten begruben sie dort. Dabei verbrannten sie Wacholderzweige, um die Hexen zu verbannen.

Der Hummelberg war ihr heiliger Berg. Besonders die abends weit sichtbaren Feuer der Germanen mißfielen den christlichen Franken. Deshalb errichteten sie östlich und nordwestlich vom Hummelberg zwei neue Siedlungen, die sie Esterhusen (im Osten gelegenes Haus; lag zwischen der Kirch- und Pfännerstraße in Salzelmen) und Westerhüsen (im Westen gelegenes Haus-Ortsteil von Magdeburg) nannten. Hier stationierten sie Bewaffnete. Sie sollten die germanischen Bewohner unserer Gegend daran hindern, die Opferfeuer immer wieder auf dem Hummelberg zu entfachen und am heidnischen Glauben festzuhalten. Trotzdem dauerte es noch Jahrhunderte, bis sich das Christentum in unserem Gebiet endgültig durchgesetzt hatte.

(Vor etwa 150 Jahren fand man bei Bauarbeiten auf dem Hummelberg ein 10x2,5 m großes Aschefeld mit bronzenen Armspangen und Fibeln sowie mit geröstetem Getreide gefüllte Gefäße.)

(Nach Unbekannt bearbeitet von H.-J. Geffert)

A. Alt Salty kirch sonfe
   Statt holm genandt.
B. Rathhauf.
C. Hauße Scharleben.
D. Alt Salty thor.
E. Kalbisch thor.
F. Magdeburgerthor.
G. Alten Salte.
H. Belgeleben.
I. Barby.

Stättlein Saltza

Merian,
Stich Salze,
1653

Der Stein am Spring der Wüstung Borne

Im Zentrum der Wüstung Borne, dort wo heute das Gelände der Anhaltinischen Chemischen Fabriken liegt, existierte früher eine besondere Wasserstelle. Ihre Quelle soll nie versiegt sein. Ihr Wasser war kristallklar. Selbst in kältesten Wintern gefror es nicht. Wer dieses Wasser trank, wurde klug und weise. Deshalb holten die Bewohner der Umgebung über Jahrhunderte immer wieder das Wasser von dort. Es ging die Kunde, daß Frau Holle/Harke hier regelmäßig ihr Bad genommen haben soll. Deshalb war der am Spring liegende Findling früher ein Opferstein, an dem vor allem Frauen, junge Mädchen und Kinder opferten und Frau Holle um Hilfe anriefen.   (Nach W.O. Richter bearbeitet von H.-J. Geffert)

In einer anderen Version ist die Sage an den Ort Borne/Börde gebunden.

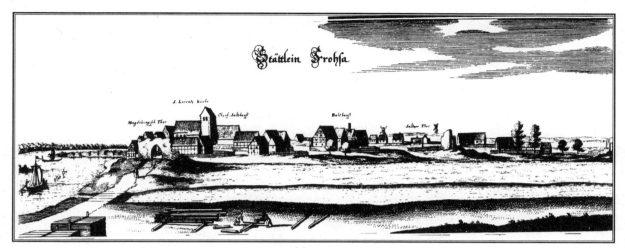

Merian,
Stich Frohse, 1653

Wie der heutige Ortsteil Frohse seinen Namen erhielt

Vor mehr als 1000 Jahren bildeten Elbe und Saale die Grenze zwischen den Stämmen der Sachsen im Westen und den Slawen im Osten. Zum Schutz gegen die Slawen ließ der erste deutsche König, Heinrich der Sachse, an beiden Flüssen eine Reihe von Grenzburgen errichten. Neben den Burgwarden Magdeburg, Barby und Calbe ließ er auch dort eine Befestigung errichten, wo heute der Schönebecker Hafen liegt.

Dorthin kam auch eines Tages der Sohn von Heinrich I., Otto, mit seiner jungen Frau Editha. Beim Anblick der damals noch unbeeinflußten ursprünglichen Auewaldlandschaft soll sie ausgerufen haben: „Otto, hier könnte ich froh sein!" Daraufhin ließ Otto den Burgward zu einer Pfalz der sächsischen Könige ausbauen und nannte ihn „Frohse".

Der Sachsenkaiser Otto I. hat sich ebenso wie seine Nachfolger mehrfach hier aufgehalten. Von Frohse aus gingen sie für Wochen ihren Regierungsgeschäften nach. Erst wenn die Nahrungsmittel knapp wurden, wechselte der Hofstaat zu einer anderen Pfalz. Die Bürger der nahe der Pfalz entstandenen Stadt haben in Erinnerung an diese Zeit in ihr Stadtwappen einen auf einem Thron sitzenden König oder Kaiser aufgenommen.

(Nach W. Miedlig bearbeitet von H.-J. Geffert)

Wie die Stadt Schönebeck erobert wurde

Schönebeck war im 13. Jahrhundert bereits eine Handelsstadt, von der aus Salz aus Groß Salze auf der Elbe bis Pirna verschifft und Holz für die Salzgewinnung angelandet wurde. Das brachte der Stadt einen bescheidenen Reichtum. Genug, um die Stadt durch eine ausreichend hohe Stadtmauer zu schützen. 1307 erschien der Magdeburger Erzbischof Burchard III. mit seinen Bewaffneten vor den Toren der Stadt. Seine teure Hofhaltung hatte leere bischöfliche Kassen hinterlassen. Die sollten mit der Schönebecker Stadtkasse wieder aufgefüllt werden. Trotz mehrtägiger Belagerung war aber die Stadt nicht einzunehmen.

Da sann der militärische Anführer der Bischöflichen, Otto von Welsleben, auf eine Kriegslist. Am nächsten Tag fuhr er, als Bauer verkleidet, mit einem Planwagen im Galopp auf das Barbyer Tor zu. Vor dem verschlossenen Stadtor hielt er die dampfenden Pferde an und rief: „Laßt mich ein! Ich handele mit Eßbarem, mit Schinken, Würsten, Geflügel und Wildbret. Seht, dort hinten, bischöfliche Berittene, sie verfolgen mich! Es ist eine Schande, friedliebende Leute zu verfolgen!"

Worg,
Salzwagen vor dem Magdeburger Tor, 1923

Da der Bauer anscheinend ungefährlich war und eine wünschenswerte Proviantverstärkung für die belagerte Stadt versprach, ließ man ihn ein. Aber noch bevor das Stadtor wieder richtig verschlossen war, sprangen unter der Plane versteckte Krieger vom Wagen und verwickelten die Männer der Torwache in ein Handgemenge. Diese wenigen Minuten genügten den Reitern, um durch das noch nicht geschlossene Tor zu gelangen. Die Verteidiger, die am Barbyer Tor keinen Angriff erwartet hatten, wurden schnell überwältigt, und schon bald waren die Bischöflichen die Herren der Stadt. Nachdem sie die Stadtkasse erbeutet hatten, zogen sie sich bald zurück.

(Nach F. Magnus bearbeitet von H. Howald)

Der unterirdische Burggang von Salzelmen

Zwischen 1309 und 1314 ließ der Erzbischof Burchard III. nahe der jungen Salzstadt Groß Salze die Burg Schadeleben erbauen. Von hier aus sollte der Burgvogt die Steuern von den Solgütern und gleichzeitig das Wegegeld an der Heerstraße Magdeburg-Halle-Nürnberg erheben. Das war eine sichere Geldquelle für die immer leeren bischöflichen Kassen. Die Burg lag am Nordostrand der Stadt und war durch Mauern und Stadtgraben von ihr getrennt. Da der Bischof die Burg auch manchmal als Zufluchtsstätte vor seinen Feinden nutzte, soll sie auch einen unterirdischen Gang zur Stadt Groß Salze besessen haben. Ihn würde der Bischof als Fluchtweg nutzen, um sich bei Belagerung unter die Stadtbevölkerung mischen und so seinen Häschern entkommen zu können. Dieser Burggang soll auf dem Grundstück Edelmannstraße 41, dem späteren Gasthof „Zum goldenen Stern", das vordem der Pfännerfamilie von Esebeck gehörte, geendet haben.

Aber weder bei Bauarbeiten seit Beginn des 19. Jahrhunderts auf dem Burggelände noch 1978 beim Abriß des Grundstücks Edelmannstraße 41 fand man Reste eines solchen Geheimgangs.

(Nach W. Schulze bearbeitet von H. Howald)

Der tote Bräutigam

Die eigentliche Salz- und Holzverladestelle der Groß Salzer Pfännerschaft befand sich bei Frohse an der Elbe. Dort hatten die Pfänner einen Inspektor eingestellt, der nach dem Rechten zu sehen hatte und natürlich ein adliger Pfänner war. Er war mit einer jungen Salzer Adligen verlobt.

Eines Tages, als der Inspektor mehrere Elbkähne auf dem Wasser kontrollierte, passierte das Unglück. Der junge Adelige stürzte in die Elbe. Obwohl man ihn intensiv suchte, fand man ihn nicht. Die gesamte Verwandtschaft war von diesem Mißgeschick betroffen.

Da kam ein Weissager zu den Eltern der Verlobten. „Den ihr sucht, hat die Elbnixe unterm Wasser. Sie wird ihn lebendig auch nicht loslassen, es sei denn, eure Tochter bietet ihr Leben der Nixe zum Tausch an!" Die Braut wollte sich daraufhin gleich für ihren Liebsten stellen. Deren Eltern ließen das jedoch nicht zu. Sie baten den Weissager, den Bräutigam unter allen Umständen herbeizuschaffen. Bald darauf fand man auch seinen Leichnam am Elbufer. Er war von oben bis unten voller blauer Flecke

(Nach Gebrüder Grimm bearbeitet von H. Howald)

Der Schellenmourtz von Schönebeck

Der Schellenmourtz soll ein Bürger der Stadt Schönebeck gewesen sein. Als Adeliger bekleidete er im Rat ein obrigkeitliches Amt. Notwendige Entscheidungen soll er oft mit übertriebener Gewalt durchgesetzt haben. Auch erwartete er, daß ihm bei seinen Gängen durch die Stadt ehrerbietungsvoll gehuldigt würde. Würdigten Stadtbewohner ihn nicht, wie er es wünschte, ließ er sie bestrafen.

Damit bei seinen Ausgängen ihn auch jeder bemerkte, hatte ihm seine Frau Schellen umgehängt, die sein Nahen ankündigten. Deshalb nannten ihn seine Mitbürger nur den „Schellenmourtz". Als er verstarb, ehrte ihn der Rat der Stadt durch ein größeres Sandsteinrelief, das man über dem Torbogen des Salzer Tores einbringen ließ und das so noch lange an das Wirken des Mannes zum Wohle der Stadt erinnerte.

Tatsächlich gab es eine solche Sandsteinplatte am Salzer Tor. Sie zeigte aber die Figur des Heiligen Mauritius (Moritz), des Schutzheiligen von Magdeburg. Denn aus dem 937 von Otto I. in Magdeburg errichteten Moritzkloster wurde später das Erzbistum bzw. Erzstift Magdeburg, zu dem auch die Stadt Schönebeck gehörte. Als 1839 der Torbogen des Salzer Tores aus verkehrstechnischen Gründen entfernt werden mußte, stürzte die Sandsteinplatte mit dem Heiligen Mauritius durch Unvorsichtigkeit ab und zerbarst.

(Nach W. Schulze bearbeitet von H. Howald)

Der Streit um die wüste Folkwitzer Flur

Nördlich der heutigen Paul-Illhardt-Straße zwischen Salzelmen und Felgeleben lag im Mittelalter das Dorf Folkwitz. Nachdem es wüst geworden war, begann ein heftiger Streit zwischen dem Adligen Rat in Groß Salze und den Grafen von Barby, deren Grafschaft sich über das Dorf Felgeleben hinaus bis kurz vor die reiche Salzstadt erstreckte. Weil man in diesem Streit keine Rechtstitel fand, zog sich die Auseinandersetzung über Jahre hinweg.

Da soll ein grausiger Fund das Ende der Streitigkeit herbeigeführt haben. Als auf der Folkwitzer Flur ein Ermordeter aufgefunden wurde, sollen die Salzer sofort ihren Schinder mit dem Karren hinausgeschickt haben, um die Leiche zu holen und auf dem Gertraudenfriedhof zu bestatten. Damit hatte Groß Salze seine Zuständigkeit für die umstrittene Feldmark geltend gemacht. Die Barbyer Grafen gaben schließlich klein bei.

(Nach W. Schulze bearbeitet von H. Howald)

Das Streitfeld

Flurstücke haben oft eigenartige Bezeichnungen. So ist es auch mit einem Flurstück an der Güstener Bahn. Vor vielen Jahren soll es um das Ackerstück südlich vom Randelgraben zwischen den Städten Schönebeck und Groß Salze einen heftigen Streit gegeben haben. Seine Besitzer hatten sehr oft gewechselt. Die Schönebecker jedenfalls beanspruchten es für sich. Da man sich nicht im guten einigen konnte, wurde die Verhandlung an Ort und Stelle durchgeführt. Ein angesehener Schönebecker Bürger wurde vom Richter aufgefordert, durch Eid zu bezeugen, daß das Flurstück, solange er sich erinnere, zu Schönebeck gehöre. Voraussehend hatte der listige Alte, bevor er zum Prozeßtermin kam, Erde aus der Schönebecker Flur in seine Stiefel getan. Und so schwur er in betrügerischer Absicht: „Ich stehe auf Schönebecker Boden!" Darauf verkündete der Richter: „Das Land gehört zu Schönebeck!"

Wochen später sprach der listige Alte in einem Schönebecker Wirtshaus kräftig dem Bier zu und prahlte mit seiner List. Die Schönebecker feierten ihn und gaben manche Lage Bier für ihn aus. Die Prahlereien des Alten hörte aber auch ein Groß Salzer. Er berichtete den Salzer Ratsherren, was er gehört hatte. Der Prozeß wurde wiederholt und das Flurstück an Groß Salze zurückgegeben. Seitdem führt es den Namen „Streitfeld".

(Nach Unbekannt bearbeitet von H.-J. Geffert)

W. Bleyl,
Schönebeck, der Salzturm.
1946

Der Schatzgräber von Schönebeck

Einer der reichsten Bewohner Schönebecks im 16. Jahrhundert war der Holz- und Getreidehändler Lorenz Sauer. Er besaß am Markt ein prächtiges Anwesen. Erzählt wurde von ihm, daß er soviel Geld besäße, daß er es selbst in einigen Tagen nicht zählen konnte.

Der Handel brachte etwas ein. Deshalb sollte sein Sohn das Geschäft weiterführen. Er schickte ihn daher in andere Handelsorte, um ihn als Kaufmann ausbilden zu lassen. Der Sohn neigte aber zur Verschwendung; er hatte sich nie einschränken müssen. So fand er schnell Schmeichler und falsche Freunde, die ihm halfen, den angehäuften Reichtum zu verprassen. Bald nach dem Tode des Vaters waren seine Schulden so hoch, daß er auch das Grundstück seiner Eltern verkaufen mußte. Mühsam schlug er sich nun durchs Leben und war verzweifelt.

Eines Nachts erschien ihm im Traum ein alter Mann: „Kehre zurück nach Schönebeck und suche in der Johannisnacht im Garten eures Hauses einen Stein mit einer Jahreszahl. Hebe ihn, und dir wird geholfen!"

Da erinnerte sich der junge Sauer, daß im Garten seines väterlichen Grundstücks so ein Stein lag. So begab er sich eiligst nach Schönebeck und bat um Anstellung als Gehilfe in der Holz- und Getreidehandlung. Da er durch seine lange Abwesenheit nicht bekannt war, wurde er auch eingestellt. Er erhielt sogar sein altes Zimmer wieder.

Wochen später, der neue Besitzer war mit seiner Familie verreist, ging er in der Johannisnacht in den Garten und fand unter dem bezeichneten Stein ein kleines Kästchen mit einem Brief seines Vaters: „Lieber Sohn, ich beobachte mit Sorge deinen leichtsinnigen Lebenswandel. Ich weiß, wohin das führt, deshalb habe ich unter der Dielung deines Zimmers eine ansehnliche Menge an Goldmünzen hinterlegt, um dir noch einmal zu helfen!"

Sofort rannte der junge Sauer in sein Zimmer. Tatsächlich fand er das Geld. Er schwor sich, das neuerworbene Geld nun besser zu nutzen als früher. Schon bald erwarb er sein väterliches Anwesen zurück, heiratete und gründete eine angesehene Kaufmannsfamilie.   (Nach H. Becker bearbeitet von H.-J. Geffert)

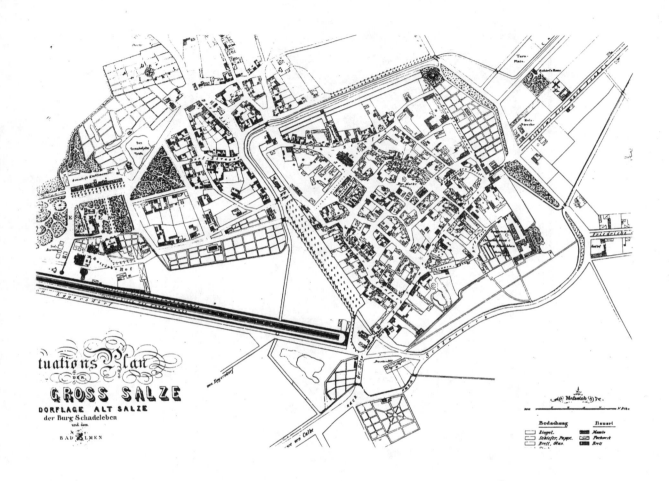

Situations Plan
der
GROSS SALZE
DORFLAGE ALT SALZE
der Burg Schadeleben
und dem
BAD ELMEN

W. Bleyl,
Schönebeck-
Salzelmen,
Vorhalle
St. Johannis.
1946

Die „Weiße Frau" vom Gertraudenfriedhof

Worg,
Groß Salze 1570 mit Magdeburger Tor. 1920

In der Zeit vor 1804, als die Gertraudenkirche auf dem gemeinsamen Friedhof von Groß Salze und Elmen noch nicht abgerissen war, ging einst ein Mann an der langen Umgrenzungsmauer der Begräbnisstätte vorüber. Da saß auf der Mauer eine Frau im weißen Kleid und nieste. „Gott help!" sagte der Mann. Doch die Frau bedankte sich nicht und nieste erneut. Der Mann wünschte wieder: „Gott help!" Die Frau dankte auch diesmal nicht, sondern nieste zum dritten Male. Da wurde der Mann ärgerlich und sagte: „Wenn dir Gott nicht helfen will, so helfe dir der Teufel!" Nun fing die Frau an zu klagen: „Hättest du zum dritten Male ‘Gott help' gesagt, so wäre ich erlöst worden! Nun muß ich wieder hundert Jahre warten, bis mich jemand erlösen kann."

(Nach J.G.Th.Gräße bearbeitet von H. Howald)

93

Die verruchte Tat des „Wilden Jägers"

Das einstige „Buschhaus" an der Elbe soll früher ein Forsthaus gewesen sein. Von hier aus verwaltete ein Jägersmann die ausgedehnten Wälder zwischen der Stromelbe und dem Röthegraben. Er war in die Tochter eines angesehenen Schönebecker Bürgers verliebt und machte ihr viele Bittgesuche. Das Mädchen aber wollte nicht in die Abgeschiedenheit des Forsthauses ziehen. Sie wollte ihre Lebensfreuden in der Stadt auskosten. Als sie sich schließlich auch noch über seine ständigen Heiratsanträge in der Öffentlichkeit lustig machte, erregte sie den Zorn des Jägers. Er tötete sie. Diese Tat erregte viel Aufsehen in der Stadt.

Durch die Verurteilung des Mörders wurde die Hofstelle schließlich frei. Ein risikofreudiger Schönebecker erwarb das Grundstück und richtete da die Ausflugsgaststätte „Zum wilden Jäger" ein. Die Schönebecker waren jetzt neugierig, wie der „Wilde Jäger" gewohnt hatte und besuchten fortan besonders an den Wochenenden diese Gaststätte. Auch Elbschiffer kehrten hier gerne ein.

(Nach W. Schulze bearbeitet von H. Howald)

W. Bleyl,
Schönebeck, Marktblick Salzelmen.
1946

Warum Frohse noch immer Kopfsteinpflaster hat

W. Bleyl,
Schönebeck, Rathaus Salzelmen.
1946

In den Jahren 1892/94 und 1909/13 unternahm die Stadt Magdeburg große Anstrengungen, um die umliegenden Dörfer und Städte einzugemeinden. Besonders intensiv wurden die Bestrebungen um die selbständige Gemeinde Frohse, die bis 1831 eine Stadt war, 1910 mit der Eingemeindung von Westerhüsen in Magdeburg betrieben, da der damals bereits geplante Mittellandkanal in einer Planungsversion die Elbe zwischen Westerhüsen und Frohse erreichen sollte.

Die Frohsianer aber setzten sich zur Wehr. Sie befürchteten, daß bei einer Vereinigung ihre Interessen vernachlässigt würden. In ihrer Verzweiflung gegenüber ihrem übermächtigen Verhandlungspartner sollen sie einer Vereinigung nur zugestimmt haben, wenn Frohse den ländlichen Charakter seiner Häuser und Straßen behalten dürfe. Das befremdete die Magdeburger, und sie antworteten: „Das Katzenkopfsteinpflaster, das können sie in Gottes Namen behalten!" Weiß Gott, die Frohsianer haben es bis heute.

(Nach W. Schulze bearbeitet von H. Howald)

Schwarz

Slawische Gründung - 1205 zwertze (Ort, wo Grillen zirpen); 1929 Eingemeindung von Gottesgnaden - hier 1131 Gründung des Prämonstratenser Klosters; Konvent bestand aus 12 Stiftsherrn und 12 Konversen mit einem Probst an der Spitze; bis 1280 gleichzeitig auch Nonnenkloster; 1548 großer Brand, 1551 von Soldateska zerstört; 1553 in ein Amt umgewandelt

Wie es zur Gründung des Klosters Gottesgnaden kam

Vor vielen, vielen Jahren kam ein Graf während seiner Flucht an das Steilufer der Saale zwischen dem Dorf Grizehne und der Stadt Calbe. Er hatte eine Königstochter entführt. Nun hörte er seine Verfolger nahen. In seiner Angst rief er Gott an: „Herr, hilf mir! Wenn du uns rettest, werde ich hier an der Saale ein Kloster errichten lassen!"

Dann gab er seinem Pferd die Sporen und sprang mit ihm und dem Mädchen in den Fluß. Mit großer Kraftanstrengung gelang es ihnen, den Fluß zu durchqueren und durch Sumpf und Morast das andere Saaleufer zu erreichen. Die Verfolger beobachteten dieses Wagnis vom Steilufer aus und gaben die Verfolgung auf.

Der Graf und das Mädchen waren gerettet. Zu Hause angelangt, nahm der Graf das Mädchen zu seiner Frau. In ihrem Glück lösten sie das gegebene Versprechen bald ein und ließen an der Stelle, wo sie wieder festen Fuß gefaßt hatten, ein Kloster errichten. Aus Dankbarkeit für die ihnen offensichtlich von Gott erwiesene Gnade nannten sie es „Kloster Gottesgnaden". Die Stelle des Steilufers der Saale, von der aus sie in die Tiefe gesprungen waren, erhielt die Bezeichnung „Mägdesprung".

(Nach W. Miedlig bearbeitet von H. Geffert)

Armin Timler,
Kirche in Gottesgnaden.
1943

97

Der betrunkene Probst

1548 war's, als das Kloster Gottesgnaden bei Calbe bis auf zwei Scheunen völlig niederbrannte. Während der katholische Probst Johannes Busch behauptete, das Feuer sei von verruchter Hand angelegt worden, erzählte man sich in Calbe, der Probst habe sich am Ostertag einen Wagen voller hübscher Frauen eingeladen und sich mit diesen fast besinnungslos betrunken. Nach der Abfahrt der Frauen habe er im trunkenen Zustand das Feuer selbst durch 'Verwahrlosung' in seiner Schlafkammer gelegt.

(Nach A. Reccius bearbeitet von H. Howald)

G. Kraatz,
Klosterkapelle St. Maria und Johannes
in Gottesgnaden.
1993

Tornitz

Slawische Gründung - 1382 tornicz (Ort am Dorngebüsch), Werkleitz eingemeindet

Der Nickert verlangt Opfer

Wilhelm von Kaulbach,
Weide und Dornbusch.
1853

Vor Hunderten von Jahren flossen Elbe und Saale noch nicht im engen Bereich der Deiche. Besonders während der Hochwasser suchten sie immer wieder neue Abflußrinnen, so daß sich ihre Wasser auf viele Flußarme verteilten. An einem von ihnen saß vor vielen Jahren zu Pfingsten der alte Asmus und angelte. Da vernahm er eine Stimme: „Die Zeit ist da, aber Menschen sind noch nicht da!" Asmus konnte sich darauf keinen Reim machen.

Nach geraumer Zeit störte eine Gruppe junger Menschen die Ruhe der Landschaft. Mit viel Gejohle sprangen sie ins Wasser, um zu baden. Dabei sangen sie spottend:

„Nickert, Nickert, sack, sack, sack,
ich wasche meine Beine,
die sind noch nicht reine...
Nickert komm, Nickert komm!"

Asmus wollte sie warnen, doch keiner hörte. Plötzlich schrie einer der Jungen: „An einem Bein zieht mich etwas in die Tiefe! Helft mir!" Die anderen versuchten, ihren Freund zu retten, aber auch sie wurden vor den Augen des alten Asmus in die Tiefe gerissen und ertranken. Sie wurden Opfer des Nickert, der sich jedes Jahr immer wieder seinen „Braten" holt.

(Nach H. Becker bearbeitet von H.-J. Geffert)

Der Nickert und die Hebamme

Wenig später brauchte der Nickermann die Hilfe des Menschen. Seine Nickertfrau wollte ein Kind entbinden. Der Nickert machte sich auf die Suche nach einer Frau, die sich auf die Geburtshilfe verstand. Als er mit ihr an die Saale kam, forderte der Nick sie auf: „Geh ins Wasser! Meine Frau wartet auf uns am Grunde des Flusses." - „Das tue ich nicht, dann ertrinke ich!" - „Du brauchst keine Angst zu haben! Gehe nur hinein!" Um den Wassermann nicht zu erzürnen, ging sie nach längerem Zögern schließlich doch ins Wasser. Aber was war das? Sie und der Nickert wurden nicht naß. So gewann die Frau Zutrauen und half der Nickertfrau bei der Entbindung. Danach hat der Wassermann sie wieder trocken aus dem Fluß geführt und mit Geld belohnt. Fortan hat er diese Frau nie wieder belästigt.

(Nach H. Becker bearbeitet von H.-J. Geffert)

Der Nickert vertauscht Kinder

Wochen später spielte der Nickert einer gottesfürchtigen Familie einen derben Streich. An einem Sonntag, als die Eltern mit den größeren Kindern in der Kirche waren, ging er in deren Haus. Er nahm das kleine, alleingelassene Kind der Eltern aus der Wiege und legte dafür sein eigenes hinein. Als die Eltern nach Hause kamen, bemerkten sie den Austausch der Kinder nicht. Durch ihre Pflege wuchs das Kind heran. Aber es unterschied sich von den Geschwistern. Es war ja kein Menschenkind. So wollte es nicht bei der Arbeit mithelfen und auch nicht in die Kirche gehen.

Als es an einem Sonntag wieder eimmal nicht mit in der Kirche war, verspürte es großen Hunger. Da sah es, daß die Mutter für das Essen nach dem Gottesdienst den Hirsebrei bereits bereitet hatte. „Hirsebrei kriege Haut! Die Kirche ist bald aus!" Dann machte es sich an den großen Topf und aß fast den gesamten inzwischen abgekühlten Brei auf. Die zurückgekehrten Eltern waren darüber so erbost, daß sie den Wechselbalg mit dem Stock schlugen. Der hatte überall blaue Flecke.

Das erzürnte den Nickert. Er tauschte sein geschlagenes Kind daraufhin wieder mit dem der Eltern aus. Die fanden es anderentags tot im Bett, es war „blitzeblau" geschlagen.

(Nach H. Becker bearbeitet von H.-J. Geffert)

Die Rache der Nixe

Wilhelm Giese,
Angler.
1926

Dort, wo auf Werkleitzer Seite das Fährwindenhaus an der Saale steht, spielten auch früher schon gerne die Jungen des Dorfes. Als sie vor Jahren wieder einmal versammelt waren, rief eines der Kinder: „Kommt! Wir wollen die Nixe steinigen! Sie wohnt dort, wo die Saale am tiefsten ist!" Mit lautem Jubelschrei ging es zur bezeichneten Stelle. Stein auf Stein, von den Knaben geworfen, flog in den Fluß. In wilder Ausgelassenheit riefen sie dazu:

„Wassernixe, du mußt sterben
in dem tiefen Wasserloch;
Wassernixe, bist getroffen,
Wassernixe, lebst du noch?"

Bei jedem Wurf schäumten die Fluten ärger und ärger. Plötzlich stand die Wassernixe mitten unter den Jungen. Sie blickte strafend und zornig umher, erfaßte den jugendlichen Anführer und sprang mit ihm hinab in den Fluß. Die übrigen Knaben zitterten und bebten vor Schreck. Da erklang ein gellender Schrei aus der Tiefe. Der Spielgefährte der Jungen ist nie wieder aufgetaucht. (Nach O. Busch bearbeitet von H. Howald)

Armin Timler,
Trabitz an der Saale.
1944

Trabitz

Slawische Gründung - 945 tribunice („Ort der Leute des Trebun")

Dorfkirche in Trabitz

Der Glockenstein von Trabitz

Die Kirche in Großrosenburg sollte eine Glocke für den Turm erhalten. Deshalb war der Glockengießer Tocke mit seinem Gesellen angereist. Beim Glockenguß nun kam es zu einem heftigen Streit zwischen den beiden. Im Zorn begab sich der Meister nach Calbe, um dort notwendige Besorgungen zu machen. Auf dem Rückweg nach Rosenburg traf er nahe dem Dorf Trabitz seinen Gesellen, und sie führten den Streit weiter. Schließlich griff Tocke zum Messer, um den Gesellen zu töten. Dem gelang es jedoch, dem Meister das Messer zu entwenden und Tocke zu töten. Da niemand weit und breit zu sehen war, machte sich der Geselle aus dem Staube. Aber er kam nicht weit. Hinter der Schäferei brach auch er tot zusammen.

An beiden Stellen wurden später Steinkreuze, die Glocken- oder Tockesteine aufgestellt. Beide sind längst verschwunden, nur noch die Feldflur „Glockenstein", auf der sie standen, erinnert an diese schreckliche Tat.

(Nach W. O. Richter bearbeitet von H. Howald)

W. Bleyl,
Trabitz,
Saalepartie.
1946

Armin Timler,
Taubenturm
in Trabitz.
1943

Welsleben

Thüringische Gründung - 840 - walidislef (Ort des Waldemer); Sachsenturm auf der Ostseite (!) der Dorfkirche, stammt aus dem 12. Jh., Langhaus erst 1671 errichtet.

Die verkehrte Kirche von Welsleben

Das Dorf Welsleben liegt am Rande der Magdeburger Börde. Die fruchtbaren Schwarzerdeböden ermöglichten jedem Bauern gute Ernten, wenn der sich auf den Ackerbau verstand. Die stattlichen Gehöfte belegen das seit Jahrhunderten. Vor vielen Jahren übernahm nun ein kräftiger Jungbauer nach dem frühen Tode des Vaters den prächtigsten Hof des Ortes. Er hielt nicht viel von bäuerlicher Arbeit. Großmäuligkeit und Zecherei waren ihm lieber. Der elterliche Hof verkam und verschuldete so sehr, daß ihn schließlich die Gläubiger übernahmen.

Da er nun nichts besaß, wollten auch seine früheren Zechkumpanen nichts mehr mit diesem Tunichtgut zu tun haben und verhöhnten ihn. Das erzürnte den starken Bauernsohn, so daß er beschloß, den Ort zu verlassen. Zuvor aber wollte er dem Ort noch einen Streich spielen, der nie vergessen werden sollte. In einer mondlosen Nacht ging er zur Kirche und hob mit größter Kraftanstrengung den Kirchturm von der westlichen Seite des Kirchenschiffs auf die östliche. Das Erstaunen der Welsleber am nächsten Morgen war groß. Der Bauernsohn aber war und blieb verschwunden.

(Nach Unbekannt bearbeitet von H.-J. Geffert)

G. Kraatz,
Welsleben,
St. Pankratius,
1993

W. Bleyl,
Wespen,
Taubenhaus.
1946

Wespen

Neuzeitliche Neugründung (1669) auf Wüstung worspe (1494) durch böhmische Siedler
(Ort links vom Sumpfgebiet der Saale)

Die toten Seelen von Jritz

Unweit von Wespen soll es in früheren Jahrhunderten nächtens nicht geheuer gewesen sein. Um die Mitternachtsstunde war hier oftmals lautes Stöhnen, Jammern und Weinen zu vernehmen. Das seien die toten Seelen der Einwohner des Dörfchens Iritz gewesen, die den Untergang ihres Ortes über eine lange Zeit hinweg nicht hätten verwinden können.

Iritz ist bereits vor 1500 wüst geworden und soll eine Gemarkung von 13,5 Hufen (rund 101 Hektar) umfaßt haben. An dieses untergegangene Dorf erinnert heute nur noch der Name, „Iritzer Busch", der eine Örtlichkeit unweit von Wespen bezeichnet.

(Nach Unbekannt bearbeitet von Horst Howald)

Die Räuber von Zeitz

Zwischen den beiden Dörfern Wespen und Gnadau liegt unmittelbar an der Landstraße von Gnadau nach Barby das Vorwerk Zeitz, das nur von wenigen Personen bewohnt wird. Alte Überlieferungen besagen, daß es sich bei diesem Vorwerk um den Rest zweier einst blühender Dörfer handelt, die jedoch schon 1494 als wüst bezeichnet wurden. Sie wurden als Groß und Klein Zeitz bezeichnet, aber auch Hohen Zeitz und Sauern-Zeitz (Sumpf-Zeitz) genannt.

In den unterirdischen Gewölben einiger zerstörter Gehöfte soll jedoch noch etliche Jahre eine Räuberbande gehaust haben, die den Bewohnern der damaligen Grafschaft Barby übel mitgespielt haben soll. Ob und wann man ihrer habhaft wurde, darauf steht die Antwort bis heute aus.

(Nach Unbekannt bearbeitet von H. Howald)

W. Bleyl,
Wartenberg und Wodanstor.
1946

Zens

Slawische Gründung-1330 centz (Ort des Heus)

Wodan am Wartenberg

Es war Herbst vor vielen, vielen Jahren. Ein Bauer aus Zens war auf dem Weg nach Brumby. Auf seinem Wagen lagen mehrere Säcke Korn, und in Säcken steckten zwei lebende Gänse und ein Hahn. Dieses Getreide und Federvieh hatte er jedes Jahr zu Martini seinem edlen Herrn in Brumby abzuliefern. Als der Bauer mit seinem Gespann die Höhe des Wartenberges erreicht hatte, begegnete ihm ein wohlgekleideter Mann. „Wohin wollt ihr?" - „Ich bringe meine Abgaben zum Edelhof!" - „Getreide und Federvieh kann auch ich gut gebrauchen; ich will's euch gut bezahlen. Fahrt dort in das Tor hinein!"

Als der Bauer in die Richtung sah, in die der Mann zeigte, erkannte er hinter einer Zugbrücke das Tor eines Schlosses, das er bisher noch nie gesehen hatte. Das Angebot des Fremden war verlockend, trotzdem entschied sich der Bauer schließlich, seiner Verpflichtung nachzukommen. Er ließ den verärgerten Herrn stehen und fuhr weiter. Als er seine Abgaben auf dem Edelhof in Brumby entrichten wollte, stellte er erschreckt fest, in den Getreidesäcken war nur Sand. Der Edelmann war darüber erzürnt und ließ den Bauern durch seine Knechte vom Hof jagen.

Der konnte sich diesen Vorgang nicht erklären und war verzweifelt. Auf der Rückfahrt überholte er am Wartenberg einen lahmen Mann. Den nahm er mit auf seinem Wagen. Ihm erzählte er sein Erlebnis und beteuerte, daß er die Säcke zu Hause mit Roggen-, Gerste- und Haferkörnern gefüllt hätte. Der Lahme glaubte ihm. Da er eine Bettstatt für die Nacht suchte, machte ihm der Bauer das Angebot, für ein Jahr bei ihm als Knecht zu arbeiten. Darauf ging der Lahme ein. Am nächsten Morgen wollten sie die Säcke erneut mit Getreide füllen, damit der Bauer seine Abgaben noch pünktlich zu Martini abliefern könnte.

Als der Bauer am nächsten Morgen das Vieh füttern wollte, war es bereits versorgt. Auch die Säcke waren schon gefüllt. Die Suche nach dem fleißigen Knecht aber war vergebens. Nirgendwo fand man ihn. Da sah der Bauer in die Säcke. Groß war sein Erstaunen. Die Säcke waren bis obenhin mit Körnern aus reinem Gold gefüllt. Damit hatte der Bauer ausgesorgt. Wodan hatte ihn geprüft und für sein Verhalten belohnt.

(Nach K. Kubbe bearbeitet von H.-J. Geffert)

Zuchau

Slawische Gründung - 979 zuocha (Ort in trockener Gegend);
romanische Dorfkirche mit interessantem Säulenportal und Tympanon

Der Schimmelreiter von Zuchau

In dem Dorf Zuchau brach vor vielen Jahren einmal ein großer Brand aus. Mehrere Gebäude standen bereits in Flammen. Starker Wind drohte das Feuer auf alle Gehöfte zu übertragen. Männer und Frauen, Alte und Kinder versuchten, den Brand zu löschen. Trotz eifrigster Bemühungen gelang ihnen das nicht. Die Angst, all ihre Habe zu verlieren, trieb sie immer wieder voran in diesem ungleichen Kampf.

Da erblickten sie auf einmal einen sonderbaren Reiter auf einem Schimmel. Der hatte ihr aussichtsloses Tun beobachtet und empfand Mitleid. So gab er seinem Pferd die Sporen und umritt mit ihm die Feuerstelle. Wie durch ein Wunder erstarben die Flammen. Der Ort war gerettet. Bevor die Bewohner sich jedoch bei ihrem Retter bedanken konnten, entfernte sich der Schimmelreiter (Wodan) und verschwand in einem Hügelzug bei Gerbitz.

(Nach W.O. Richter bearbeitet von H.-J. Geffert)

Das Zuchauer Steinkreuz

Etwa 100 m hinter dem Dorf Zuchau, am Weg nach Gramsdorf, liegt das Ackerstück „Toter Mann". In früherer Zeit erhob sich hier an der Windmühle ein kleiner Hügel. Auf ihm stand auch ein Steinkreuz, das der Mörder des „Toten Mannes" als Buße für sein Vergehen hatte errichten müssen.

Als der Hügel später abgetragen wurde, fand man hier Knochen von Menschen. Um das Andenken an die Toten zu bewahren, hat man das Steinkreuz an die Straßenecke am Zuchauer Gasthof umgesetzt. Hier wurde es von jedem Bewohner gesehen.

(Nach W.O. Richter bearbeitet von H. Howald)

Quellenverzeichnis

1. Becker,H.: Vom religiösen Gehalt unserer heimatlichen Volkssage
   Aus dem Sagenschatz des Kreises Calbe
   In:Wickel/Thinius: Der Kreis Calbe, Leipzig, 1937
2. Busch,O.: Nordwestthüringer Sagen, 1.Teil, 1925
3. Grimm, Gebrüder: Deutsche Sagen, 3.Auflage, Berlin 1891
4. Gräße,J.G.Th.: Sagenbuch des Preußischen Staates, Bd. 1, Glogau, 1867
5. Handschriftliche Aufzeichnungen von Hoyer, W. und Wankel, W. im Kreismuseum Schönebeck
6. Hennige, M.: Randau - Gut und Dorf in Vorzeit und Gegenwart, München, 1913;
7. Henning, G.: Die Nixen des Eckartsdorfer Springs, In: Heimat-Echo, Monatsschrift des Kreises Schönebeck, 1957, S. 42/43
8. Höse,K. : Chronik der Stadt und Grafschaft Barby, Barby, 1913
9. Magnus, F.: Geschichte der Stadt Schönebeck, Berlin, 1880
10. Miedlig, W.: Heimatkunde des Kreises Calbe, Magdeburg, 1909
11. Richter, W.O.: Aus dem Sagengut des Kreises Schönebeck, Stoffsammlung für den Heimatkundelehrer, Schönebeck, 1956
12. Sammlung historischer Artikel aus verschiedenen Zeitungen der Umgebung von Schönebeck - Kulturhistorisches Archiv Schönebeck
13. Schulze, W.: Chronik der Stadt Schönebeck, unveröffentlichtes Manuskript; 1969 - Kulturhistorisches Archiv Schönebeck
14. Schwachenwalde, H. : Till Eulenspiegel - ein Schalk unserer Heimat, Manuskriptabzug (2 Teile), Calbe, 1981
15. Sielaff, E.: Till Eulenspiegel, Kinderbuchverlag Berlin, 1965
16. Sommermeier, E.: Die Sage von der Springwurz, In: Vor Barbys Toren, Heimatbeilage der Barbyer Zeitung, Barby, August 1933
17. Veröffentlichungen von Sagen durch
    Füllert, W.
    Krull, P.
    Kubbe,K.
    Müller, F.
    Reccius, A.
    Sommermeier, E.
    Wankel, W.
    In: Heimatglocken des Kreises Calbe, Beilage zur Schönebecker Zeitung, Jahrgänge 1925 bis 1939
    Veröffentlichung von Sagen durch
    Westphal, K.
    In: Neue Schönebecker Zeitung, Volksstimme Verlag, Jahrgänge 1963/1967
18. Wolf, O.: Chronik von Großrosenburg sowie von Kleinrosenburg und Breitenhagen, Barby, 1924

Inhalt